POLYGLOTT on tour

Baltikum

Litauen, Lettland & Estland

Die Autorin

Stefanie Bisping

studierte Anglistik, Germanistik und Politikwissenschaft. Sie ist am Niederrhein zu Hause und arbeitet als Reisejournalistin für Tageszeitungen, Zeitschriften und Buchverlage. Verschiedene Reisen führten sie in alle Regionen des Baltikums. Von jeder kam sie mit neuen Eindrücken und wachsender Faszination zurück.

REISEPLANUNG

LAND & LEUTE

TOP-TOUREN IM BALTIKUM

REISE-PLANUNG

Jenseits der Metropolen wird es im Baltikum schnell sehr ländlich, wie hier bei Viimsi in der Tallinner Bucht

Die Reiseregion im Überblick

Nachdem sich die drei baltischen Republiken seit der Wende rasant nach Westen orientiert hatten, gehören sie seit 2004 auch ganz offiziell zur EU. Mit der Wirtschaft hat sich der Tourismus entwickelt: Hotels in allen Kategorien sind reichlich vorhanden, Straßen und öffentlicher Personenverkehr wurden ausgebaut. Bei aller Aufbruchsstimmung hat man aber auf Nachhaltigkeit geachtet: Prächtige Barockschlösser, Ordensburgen und alte deutschbaltische Herrensitze liegen in fast unberührter Natur. Große Teile der Landschaft stehen in Nationalparks unter Schutz; erkunden kann man sie zu Fuß, zu Pferd, im Kanu oder per Rad. Traditionsreiche Kurorte erleben eine Renaissance und bieten Wellness auf westlichem Niveau zu moderaten Preisen. Aber auch Kulturinteressierte werden in den jahrzehntelang hinter dem Eisernen Vorhang verborgenen Ländern viele Entdeckungen machen: Die liebevoll restaurierten Hauptstädte prunken mit architektonischen Schätzen von der Backsteingotik bis zum Jugendstil; die Begeisterung der Menschen für Kunst und Musik schlägt sich in Museen, Galerien, prachtvollen Opernhäusern und Festivals nieder.

Dass alle drei Länder kulturell und landschaftlich sehr unterschiedlich sind, macht das Baltikum zu einem um so spannenderen Reiseziel. **Litauen** spielte im Mittelalter die Rolle einer europäischen Großmacht und konnte seine nationale Eigenständigkeit länger als Lettland und Estland bewahren. Seit dem Zusammenschluss mit Polen im Jahr 1386 ist es katholisch. Der südlichste Baltenstaat hat zwar die kürzeste Küste, dafür aber eine spektakuläre: Neben dem lebhaften Seebad Palanga und der geschichtsträchtigen Hafenstadt Klaipėda besitzt Litauen mit der Kurischen Nehrung eine einzigartige, geschützte Naturlandschaft: eine 98 km lange Landzunge, von der rund die Hälfte zu Litauen gehört und die mit Kiefernwäldern, hohen Dünen und idyllischen Fischerdörfern wie aus der Zeit gefallen wirkt. Historische Stätten wie Litauens alte Hauptstadt Kėrnave, die traditionsreiche Universitätsstadt Kaunas und

In den Metropolen (hier in Kaunas) gibt sich das Baltikum weltläufig

Im Hinterland erwartet den Reisenden ländliche Idylle

natürlich die heutige Hauptstadt **Vilnius,** ein Juwel des Barock mit unzähligen Kirchen, machen Litauen zu einem facettenreichen Reiseziel.

Das heutige **Lettland** und Estland wurde im 13. Jh. von deutschen Kreuzrittern erobert, im 16. Jh. geriet das Gebiet unter schwedische Herrschaft und erhielt die Reformation quasi als Dreingabe. Beide Länder sind seither protestantisch. Lettlands Hauptstadt **Rīga** ist die größte Stadt des Baltikums – und mit schwelgerischen Jugendstilensembles, der lebendigen Kaffeehausszene und dem Flair einer Großstadt auch eine der schönsten. Landschaftlich zeichnet sich der mittlere der drei Baltenstaaten durch große Vielfalt aus: 500 km Ostseeküste, gesäumt von feinsandigem weißem Strand, mehr als 3000 Seen und geschützte Naturlandschaften wie der Gauja-Nationalpark machen Lettland auch zu einem Ziel für Erholungssuchende und Naturliebhaber.

Estland, der kleinste baltische Staat, boomt wirtschaftlich und liegt in der Informationstechnologie ganz weit vorn. Die Hauptstadt **Tallinn,** die als Relikt der Hansezeit eines der am besten erhaltenen mittelalterlichen Stadtzentren Europas besitzt, verbindet historisches Flair auf besonders eindrucksvolle Weise mit den Errungenschaften des 21. Jhs. Lässt man die Grenzen der Hauptstadt hinter sich, erlebt man traumhafte, noch weitgehend urwüchsige Landschaften, die mit ihren tiefen Wäldern und ausgedehnten Moorgebieten an den Süden Skandinaviens erinnern. Auch die Weißen Nächte im Sommer lassen schon den hohen Norden erahnen. Der Lahemaa-Nationalpark im Norden mit seiner zerklüfteten Küste, den riesigen Findlingen und den alten deutschbaltischen Gutshöfen sowie die Inselwelt vor der Westküste Estlands und der schöne Badeort Pärnu gehören zu den Highlights jeder Baltikum-Reise.

Extra-Touren

Tour 1 Große Baltikum-Rundreise

Tour-Übersicht:
Vilnius › Druskininkai › Kaunas › Kurische Nehrung › Klaipėda › Palanga › Šiauliai / Berg der Kreuze › Rīga › Rundāle › Jūrmala › Pärnu › Saaremaa › Tallinn › Tartu › Sigulda › Vilnius

Distanzen:
2149 km; 21 Tage. **Vilnius › Trakai › Vilnius** 50 km; **Vilnius › Druskininkai** 130 km; **Druskininkai › Kaunas** 123 km; **Kaunas › Kurische Nehrung (Juodkrante)** 204 km; **Klaipėda › Palanga › Klaipėda** 50 km; **Klaipėda › Šiauliai › Rīga** (Grenzübergang bei Eleja) 300 km; **Rīga › Pärnu** (Grenzübergang bei Ainaži) 160 km; **Pärnu › Saaremaa** 150 km; **Saaremaa › Tallinn** 264 km; **Tallinn › Tartu** 185 km; **Tartu › Sigulda** (Grenzübergang bei Valka) 199 km; **Sigulda › Vilnius** 359 km. Die Entfernungen sind moderat; die längste Teilstrecke liegt unter 400 km. Allerdings sind bei den tatsächlichen Fahrtzeiten zwei Überfahrten mit der Fähre sowie abseits der Via Baltica unbefestigte Landstraßen einzuplanen.

Praktische Hinweise:
Die Tour ist ideal für Selbstfahrer, die auf dem Landweg über Polen anreisen. Sie lässt sich dank des hervorragenden Busnetzes aber auch problemlos mit Überlandbussen realisieren, die mehrmals täglich die Städte auf der Strecke miteinander verbinden. Zwischen Klaipėda und der Kurischen Nehrung verkehrt regelmäßig eine Autofähre (30 Min.). Die estnische Insel Saaremaa hat über die Insel Muhu eine Fähranbindung ans Festland (Hafen Virtsu).

Wer ohne Stress alle wichtigen Sehenswürdigkeiten des Baltikums sehen und erleben will, sollte sich drei Wochen Zeit lassen. Die Tour startet in ***Vilnius** › S. 48. Die Altstadt der litauischen Kapitale wird von der UNESCO zum Weltkulturerbe gezählt und birgt wunderschöne Bauwerke des Barock und der Gotik sowie zahlreiche Kirchen. Man sollte sich drei Tage Zeit nehmen, um die Kathedrale, das Tor der Morgenröte, die Obere Burg und den Gotischen Winkel zu besuchen. Ein Tag gehört Nationalmuseum, KGB-Museum und CAC, dem Zentrum für zeitgenössische Kunst, ein weiterer dem Tagesausflug nach ****Trakai** › S. 64, einer malerischen, von dichten Wäldern umgebenen Wasserburg im Galvė-See. Auf dem Weg zum Kurort ***Druskininkai** › S. 69 kann man im Grūtas-Park eine skurrile Sammlung vom Sockel gestürzter Sowjethelden anschauen, bevor man sich an seinem Etap-

Sommerliche Blütenpracht vor einer alten Fischerkate in Nida

penziel in ein Mineralbad sinken lässt. **Kaunas › S. 67 lohnt mit seiner bildschönen Altstadt und einer Vielzahl von Museen einen Aufenthalt von zwei Tagen. Von hier aus geht es auf die ***Kurische Nehrung › S. 74, wo man in Juodkrante den Hexenberg erklimmt, bevor man mit Nida den Hauptort der Landzunge erreicht. Nun gilt es zu entscheiden, ob man in zwei Tagen Große Düne, Thomas Mann-Haus, Bernsteinmuseum und die alten Fischerkaten besichtigt oder länger bleibt und sich erholt. Von Nida kehrt man per Autofähre nach *Klaipėda › S. 72 zurück, wo die Altstadt, der Theaterplatz und die alte Post sehenswert sind. Ein Tagesausflug führt von hier nach Palanga › S. 70, dem größten litauischen Badeort mit wunderschönem Strand und interessantem Bernsteinmuseum. Hier übernachtet man oder fährt zurück nach Klaipėda, von wo es anderntags über Šiauliai und die Pilgerstätte **Berg der Kreuze › S. 66 nach ***Rīga › S. 77 geht.

Auch für die lettische Hauptstadt sind drei Tage ideal. Schloss, Große und Kleine Gilde, Dom und Petrikirche sind die Highlights der mittelalterlichen Altstadt, der Besuch des Okkupationsmuseums ist wichtig für das Verständnis des Landes. Ein Fassadenbummel entlang der schönsten Jugendstilensembles in der Albert- und Elisabethstraße gehört ebenso dazu wie ein Ausflug zum Schloss **Rundāle › S. 101 mit seiner prächtigen Innenausstattung im Stil des Rokoko. Wer dann wieder Lust auf Strandleben hat, verbringt einen Tag an Rīgas Badestränden im Kurort *Jūrmala › S. 95. Von

› Karte Umschlag

Rīga führt der Weg die Küste entlang über die Via Baltica nach Norden ins estnische Seebad ****Pärnu** › S. 128.

In Estlands Sommerhauptstadt flaniert man durch die kleine Altstadt und nimmt im Spa ein Bad in dem Heilschlamm, der Pärnu berühmt gemacht hat. Nächste Touretappe ist die Insel ****Saaremaa** › S. 125, deren Hauptstadt Kuressaare eine gut erhaltene spätgotische Bischofsburg besitzt. Eine Rundfahrt über die Insel führt in verwunschene kleine Dörfer, an eine eindrucksvolle Steilküste und zu schönen alten Windmühlen. Drei Tage wären ideal, um nichts an Erholung einzubüßen, bevor man (über Hiiumaa und Haapsalu oder – schneller – über Pärnu und die E 67) *****Tallinn** › S. 106 erreicht. Die estnische Hauptstadt besitzt eine der besterhaltenen mittelalterlichen Altstädte Europas und dazu jede Menge Cafés, Restaurants, Clubs und schöne Geschäfte. Außer der Altstadt stehen Schloss Katharinental, die estnische Nationalgalerie KUMU, die Ruinen des Birgittenklosters in Pirita sowie das Estnische Freilichtmuseum Rocca al Mare auf dem Programm. Die Universitäts- und Hansestadt ****Tartu** › S. 134, geistiges Zentrum des Landes, wirkt mit der schönen Altstadt und einem großen kulturellen Angebot wie die kleine Schwester Tallinns. Von dort geht es zurück nach Lettland und über ****Cēsis** › S. 104 mit Schloss und Ordensburg nach **Sigulda** › S. 103, einem günstigen Ausgangspunkt für Ausflüge in den ****Gauja-Nationalpark** › S. 105. Wer längere Wanderungen oder eine Paddeltour unternehmen möchte, bleibt zwei Tage, um anschließend über **Bauska** › S. 102 nach Vilnius zurückzukehren.

Tour 2 Höhepunkte des Baltikums

Tour-Übersicht:

Vilnius › Kurische Nehrung › Rīga mit Schloss Rundāle oder Jūrmala › Pärnu › Tallinn › Vilnius

Distanzen:

1288 km; 9 Tage. **Vilnius › Kurische Nehrung** (Fährhafen Klaipėda) 205 km; **Kurische Nehrung › Rīga** 215 km; **Rīga › Pärnu** 150 km; **Pärnu › Tallinn** 125 km; **Tallinn › Vilnius** 593 km.

Praktische Hinweise:

Die Tour eignet sich für Selbstfahrer, lässt sich aber auch mit Überlandbussen durchführen. Die Via Baltica, die die Hauptstädte miteinander verbindet, ist sehr gut ausgebaut. Das Reisen per Flugzeug ist aufgrund der geringen Entfernungen nur zwischen Tallinn und Vilnius sinnvoll. Busreisende können in Erwägung ziehen, statt der Rückfahrt via Rīga von Tallinn nach Vilnius zu fliegen (Flugzeit 1 Std. 25 Min.; Air Baltic bietet One-Way-Tickets ab 30 €).

Je nach Blickwinkel wirkt Tallinn wie eine mittelalterliche Burg

In zwei Tagen kann man in ***Vilnius › S. 48 zwar nicht alle 1200 Barockbauten, wohl aber die Highlights der Innenstadt besichtigen. Von hier geht es weiter an die Ostseeküste. In Klaipėda nimmt man die Fähre zur ***Kurischen Nehrung › S. 74 und fährt auf der Landzunge bis zum schönen Ort **Nida › S. 74, der sich auch als Quartier anbietet. Anderntags kehrt man zurück aufs Festland und steuert ***Rīga › S. 77 an, wo ein Tag der mittelalterlichen Altstadt und den Jugendstilensembles in Elisabeth- und Albertstraße sowie ein weiterer einem Ausflug gewidmet ist: Je nach Interesse besucht man das prachtvolle Barockschloss **Rundāle › S. 101 oder entscheidet sich für einen Strandtag im nahen *Jūrmala › S. 95, das außer weißem Sand auch schöne Beispiele baltischer Holzarchitektur besitzt.

Den sechsten Tag verbringt man auf jeden Fall am Meer: **Pärnu › S. 128 ist Estlands Sommerhauptstadt – wann immer möglich, verlassen die Hauptstadtbewohner an schönen Sommerwochenenden Tallinn zugunsten dieses alten, aber sehr lebhaften Kurbads am Meer. Nächster Stopp ist ***Tallinn › S. 106, wo die mittelalterliche Altstadt rund ums wunderschöne gotische Rathaus sowie der Stadtteil Kadriorg mit Schloss Katharinental und ein Kurzbesuch in der Nationalgalerie KUMU auf dem Programm stehen. Wer mit dem Auto zurückfährt, kann der Strecke mit einem Abstecher in die vom Klassizismus geprägte Universitätsstadt **Tartu › S. 134 Abwechslung verleihen; ansonsten kehrt man am achten Tag über die Via Baltica nach Vilnius zurück. Dort verbringt man die letzte Nacht; je nach Abreisezeit kann man anderntags noch einen Besuch in **Trakai › S. 64 einplanen.

Tour 3 Baltische Nationalparks

Tour-Übersicht:

Tallinn › Lahemaa-Nationalpark › Soomaa-Nationalpark › Rīga › Gauja-Nationalpark (Sigulda) › Daugavpils › Aukštaitija-Nationalpark › Vilnius

Distanzen:

920 km; 10 Tage. **Tallinn › Palmse** 80 km; **Palmse › Pärnu** 180 km; **Pärnu › Rīga** (Grenzübergang bei Ainaži) 160 km; **Rīga › Sigulda** 60 km; **Sigulda › Daugavpils** 270 km; **Daugavpils › Ignalina** 70 km; **Ignalina › Vilnius** 100 km.

Praktische Hinweise:

Die Tour lässt sich mit Überlandbussen, bequemer aber mit dem eigenen Auto realisieren, das in ländlichen Gegenden mehr Beweglichkeit bietet. Autos sind in den Nationalparks, in denen sich auch Dörfer befinden, zugelassen. Vorteil der Busreise ist, dass man auf dem Rückweg von Vilnius nach Tallinn fliegen kann und sich so die Rückfahrt über die Via Baltica spart.

Wer viel wandern und die ganz unterschiedlichen Naturlandschaften einiger der schönsten Nationalparks des Baltikums auf sich wirken lassen möchte, sollte für diese Tour zehn Tage einplanen. Von Tallinn aus fährt man in Richtung Osten zum ****Lahemaa-Nationalpark** › **S. 129** mit seiner Landschaft aus Wald, Wiesen, Moor und der zerklüfteten Küste mit riesigen Findlingen. In ****Palmse** › **S. 130** befindet sich das Besucherzentrum, das Tipps für unterschiedlich lange Wandertouren gibt (Übernachtung in Palmse oder Käsmu). Vor dem Besuch des ***Soomaa-Nationalparks** › **S. 35** kann man im nahen ****Pärnu** › **S. 128** übernachten und dort ein wenig Badeort-Flair genießen. Denn von hier aus geht es in die Einsamkeit des wasserreichen Naturschutzgebietes mit seinen Mooren und Sümpfen. Je nach Wanderlust bietet sich eine Camping-Übernachtung an. An der Küste entlang geht es von Pärnu in Richtung Süden nach *****Rīga** › **S. 77**. Hier erlebt

Hochmoor im Lahemaa-Park

Bei Līgatne überquert die einzige noch erhaltene Flussfähre des Baltikums die Gauja

man ein wenig Großstadt-Atmosphäre, bevor man die Wanderwege des ****Gauja-Nationalparks › S. 105** rund um **Sigulda › S. 103** erkundet oder eine Paddeltour auf der Gauja unternimmt. Während dieser Nationalpark vergleichsweise belebt ist, führt das letzte Ziel der Tour tief in Natur und Einsamkeit. Über Daugavpils und die A 13 erreicht man Litauen (Grenzübergang bei Zarasai) und den ****Aukštaitija-Nationalpark › S. 34**. Der Park bietet eine Vielzahl von Wanderwegen und ist mit seinen 126 Seen und zahlreichen Flüssen geradezu prädestiniert für Kanutouren. Hier lohnen zwei Übernachtungen. Einfache Unterkünfte in Holzhäuschen, ein Besucherzentrum und Mietmöglichkeiten für Boote gibt es in **Paluše › S. 34**, Hotelkomfort bietet das benachbarte **Ignalina › S. 35**. Auf dem Weg nach *****Vilnius › S. 48** sind Abstecher in die Universitätsstadt ****Kaunas › S. 67** oder zum **Europa-Park › S. 65** möglich, der sich um den geografischen Mittelpunkt Europas erstreckt.

Klima & Reisezeit

Im Baltikum treffen kontinentale und maritime Klimaeinflüsse zusammen: Man muss sich auf plötzliche Wetterwechsel gefasst machen. Im Sommer kann es sehr warm (20–30 °C) werden; Regenkleidung und ein dickerer Pullover gehören dennoch unbedingt ins Gepäck.

Die Übergangsjahreszeiten sind kurz und mild, die Winter (Okt.–April) lang und oft sehr kalt: Bis auf –25 °C kann das Thermometer sinken. In Estland ist der Einfluss polarer Luftmassen stärker, was etwas niedrigere Durchschnittstemperaturen als im übrigen Baltikum mit sich bringt.

Die beste Reisezeit sind die Monate Mai bis September. Zwar genießen von Juni bis August auch die Einheimischen ihre langen Sommerferien, doch selbst in der Hauptsaison sind weder die Strände noch die Nationalparks überlaufen. Ein eindrucksvolles Naturschauspiel bieten die weißen Dämmernächte des Juni. In Estland verschwindet die Sonne dann nur für kurze Zeit. Ihr Höhepunkt ist die Sommersonnenwende, die im gesamten Baltikum groß gefeiert wird – und zwar auf dem Land, weshalb Unterkünfte dort in der Nacht zum Johannistag (24. Juni) mindestens vier Wochen vorausgebucht werden sollten.

Von Anfang September bis Mitte Oktober lässt der Herbst die Wälder rotgolden erstrahlen, Flüge und Hotels sind deutlich günstiger. Im Winter laden die baltischen Hauptstädte zu Kurztrips ein: Ein Frostrand steht Tallinn, Vilnius und Rīga gleichermaßen gut, es gibt genügend Museen und Cafés zum Aufwärmen, und die Hauptstädte begegnen Kälte und Dunkelheit mit einem umfangreichen Kulturprogramm.

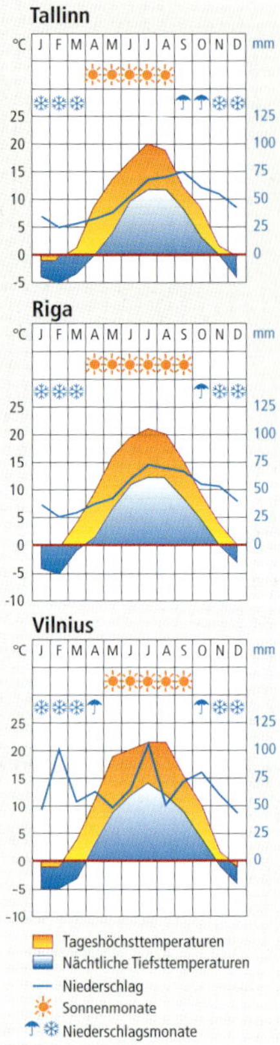

Anreise

Mit dem Flugzeug

Lufthansa (www.lufthansa.com) bietet tägliche Verbindungen von Frankfurt nach Vilnius, Rīga und Tallinn sowie von München nach Tallinn. Estonian Air (www.estonian-air.com) fliegt mehrmals wöchentlich von München, Frankfurt, Hamburg und Berlin nach Tallinn. Lithuanian Airlines hat den Flugbetrieb 2011 eingestellt. Air Baltic (www.airbaltic.com) verbindet Rīga (Zubringer von Tallinn) mit Berlin, Hamburg, München, Hannover und Düsseldorf, Vilnius mit Berlin (über Rīga), Hamburg und München. Vermehrt gibt es Angebote von Billig-Fluglinien, allerdings ist in den Flugplänen viel Bewegung. Ryanair (www.ryanair.com) fliegt mehrmals in der Woche von Bremen und Hahn im Hunsrück nach Rīga sowie von Hahn nach Kaunas und von Weeze (Niederrhein) nach Tallinn.

Mit der Fähre

Fähren von DFDS Seaways (www.dfdsseaways.de) verkehren zwischen Kiel und Klaipėda (21 Std.) sowie zwischen Sassnitz und Klaipėda (18 Std.). Stena Line (www.stenaline.de) hat 2012 die Verbindungen von Scandlines zwischen Travemünde und Liepāja (29 Std.) bzw. Ventspils (26 Std.) übernommen. Außerdem Fährverbindungen mit Finnlines (www.finnlines.com) zwischen Travemünde und Helsinki (ca. 29 Std.), von dort Fährverkehr mit Tallinn.

Mit Bahn und Bus

Von Berlin-Lichtenberg aus gibt es täglich mehrere Bahnverbindungen über Warschau nach Vilnius (21 Std.; Fahrplan und Reservierung unter www.bahn.de). Von dort schafft die Bahn es in 5 1/2 Std. nach Rīga; allerdings fährt sie nicht täglich. Zwischen Rīga und Tallinn besteht keine Zugverbindung; hier muss man auf das gut ausgebaute Busnetz zurückgreifen.

Mehrmals wöchentlich bestehen Busverbindungen von verschiedenen deutschen Städten nach Vilnius, Kaunas, Rīga, Pärnu und Tallinn, buchbar z. B. über Deutsche Touring/Eurolines (www.eurolines.de) und Ecolines (http://ecolines.net).

Mit dem Auto

Es gibt zwei Grenzübergänge zwischen Polen und Litauen: Kalvarija und Lazdijai. Die Route über Lazdijai ist landschaftlich schöner und zudem für den Schwerverkehr gesperrt. Von Litauen aus erreicht man Lettland über Medumi, Subate, Grenctāle, Meitene, Ezere, Plūdoni oder Rucava. Die Grenze zwischen Lettland und Estland kann in Ainaži, Valka und Veclaiciene passiert werden.

Reisen im Baltikum

Mit dem Auto

Hauptverkehrsstraßen wie die Via Baltica sind gut ausgebaut; Nebenstraßen enden allerdings häufig in unbefestigten Schotterpisten. Das Tankstellennetz ist dicht; Benzin kostet inzwischen fast so viel wie in Deutschland.

In größeren Städten und an den Flughäfen kann man Autos mieten; die Leihgebühren sind jedoch oft etwas höher als in Westeuropa. Seit dem EU-Beitritt kann man innerhalb der drei baltischen Länder frei reisen. Eine

Grüne Versicherungskarte ist nicht mehr obligatorisch, bei Unfällen aber hilfreich. In allen drei Ländern fährt man auch tagsüber mit Abblendlicht. In Estland und Lettland sind vom 1. Dez. bis 1. März Winterreifen Pflicht, in Litauen vom 1. Nov. bis 1. April. Das Telefonieren ist nur mit Freisprechanlage erlaubt und es besteht Anschnallpflicht. Die Promillegrenze liegt in Litauen bei 0,4, in Lettland bei 0,5, in Estland bei 0,2.

Mit Bahn und Bus

An das Bahnnetz sind im Baltikum nur die größeren Städte angeschlossen; die Verbindungen zwischen den Ländern sind schlecht oder nicht existent. Busse verkehren hingegen mindestens einmal täglich in jedes noch so entlegene Dorf (Fahrpläne und Ticketreservierung unter www.tpilet.ee, www.autoosta.lv und www.toks.lt).

Mit dem Schiff

Alle größeren estnischen Inseln werden in relativ kurzen Abständen von Autofähren angesteuert (www.tuulelaevad.ee). Die Fähre von Klaipėda zur Kurischen Nehrung verkehrt etwa halbstündlich (www.keltas.lt).

Sport & Aktivitäten

Die Möglichkeiten für Outdoor-Aktivitäten sind in den dünn besiedelten baltischen Ländern äußerst vielfältig, allerdings lässt die Infrastruktur häufig noch zu wünschen übrig und man muss viel selbst organisieren.

Radfahren

Das überwiegend flache Baltikum bietet sich für Radtouren geradezu an. Allerdings mangelt es noch an verlässlichen Radwanderkarten und ausgeschilderten Wegen – Ausnahmen bilden die Kurische Nehrung, der neue 200 km lange Küstenradweg in Litauen sowie in Estland die Umgebung von Pärnu und Tartu. Radler müssen häufig auf Landstraßen ausweichen, auf denen aber in der Regel nur wenig Verkehr herrscht. Räder verleihen die Informationszentren der Nationalparks sowie einige Hotels.

Fast alle Fluggesellschaften nehmen Räder gegen Aufpreis mit. Im Reiseland kann man Räder in Zügen und auf Fähren problemlos mitführen; in Bussen ist dies offiziell nicht möglich.

Der Verband **Baltic Cycle** (www.bicycle.lt) hält Routenvorschläge und Karten für die individuelle Tourenplanung bereit. Regionale Radlerkarten bekommt man vor Ort in größeren Buchhandlungen und bei den nationalen Radsportverbänden. In Estland helfen die »Eesti Jalgrattakaart« (E. O. Map, Tallinn) und der »Travel Guide for Cyclists« (Re-

SPECIAL

Unterwegs mit Kindern

Für Familien mit Kindern bieten sich an den langen, meist flach abfallenden Sandstränden und in den Nationalparks des Baltikums zahlreiche Möglichkeiten für Aktivurlaub › S. 18, 34.

Wasserparks

Badegelegenheiten im Freien gibt es im Baltikum nicht nur am Meer, sondern auch in den zahlreichen Seen. Wenn das Wetter einmal nicht mitspielt, sorgen Wasserparks mit Rutschen, Wellenbecken und Strömungskanälen für Action und Spaß.

- **Līvu Akvaparks**
  Jūrmala | Viestura 24
  www.akvaparks.lv
- **Tervise Paradiis**
  Pärnu | Side 14
  www.terviseparadiis.ee
- **Kalev Spa Waterpark**
  Tallinn | Aia 18
  www.kalevspa.ee

Freilichtmuseen

Angebote wie Vergnügungsparks sucht man im Baltikum bisher vergebens, unterhaltsam sind aber die Freilichtmuseen.

- **Litauisches Freilichtmuseum Rumšiškės bei Kaunas** › S. 69
- **Lettisches Freilichtmuseum am Juglas-See bei Rīga** › S. 86
- **Estnisches Freilichtmuseum Rocca al Mare bei Tallinn** › S. 114

Marionettentheater

Das Puppentheater überwindet dank lustiger Charaktere mühelos die Sprachbarrieren.

- **Eesti Nukuteater**
  Tallinn | Lai 1
  Tel. 641 3491
  http://linnamuuseum.ee/lastemuuseum
- **Latvia Puppet Theatre**
  Riga | Barona 16/18
  Tel. 6728 5355
  www.puppet.lv

Flaches Land – ideal zum Radeln

gio Verlag, Tallinn) weiter, in Lettland die »Latvijas Velomarsrutu«-Karte (Baltic Cycle). Litauens erste Radlerkarte heißt »Lietuvos ir Kaliningrado srities dviračių trasų žemėlapis« (Baltic Cycle). Experten in den einzelnen Ländern sind:

City Bike

Fahrradverleih und Touren in Estland.

- 33 Uus | Tallinn
- Tel. 683 6383 und 511 1819
- www.citybike.ee

Lettisches Radtourismuszentrum

- Jekabpils 19 a | Rīga
- Tel. 6750 7041 | Fax 6720 5355
- www.velokurjers.lv

Litauisches Fahrradinformationszentrum

- P. O. Box 61 | Vilnius
- Tel. 6995 6009 | Fax 5278 4074
- www.bicycle.lt

Litauische Radfahrergemeinschaft

- P. O. Box 190 | Klaipėda
- Mobil-Tel. 6159 1773
- lcc@dviratis.lt

Wandern

Wer sich Landschaften am liebsten erläuft, hat in der herrlichen Natur des Baltikums reichlich Gelegenheit dazu. Überregionale Wanderrouten existieren bislang nicht, die Nationalparks sind jedoch gut erschlossene Wandergebiete mit markierten Wegen, die sich für kurze Ausflüge oder Tagestouren anbieten › S. 34, und die Ostseeküste lädt zu endlosen Strandspaziergängen ein.

Wassersport

Unzählige Wasserläufe und Seen kennzeichnen die Landschaft im Baltikum. Tret- und Ruderboote kann man im Sommer fast überall preiswert leihen. Organisierte Wildwasserfahrten mit dem Kanu werden in den Nationalparks, insbesondere im Gauja-Nationalpark › S. 35 angeboten. Allgemeine Infos zu Kanutouren im Baltikum und Adressen von Veranstaltern findet man unter www.canoe-dreams.com.

Windsurfen ist im Kommen und konzentriert sich derzeit vor allem auf die Tourismushochburgen an der Küste. Ein beliebter Treffpunkt ist das ehemalige Olympiazentrum im Tallinner Vorort Pirita – zugleich Ausgangsbasis für Segeltörns in die estnische Inselwelt. Weitere Segelsportzentren sind die Kurische Nehrung, Rīga und Jūrmala. Litauen besitzt Jachtclubs in Klaipėda und Nida (www.lbs.lt/en), die estnischen Jachthäfen sind unter www.marinas.nautilus.ee aufgeführt. Die Webseiten www.west-coast.lv und www.yachts-centre.com informieren über lettische Marinas.

Angeln

Angeln ist im Baltikum Volkssport. In Lettlands Flüssen und öffentlichen Seen darf jeder seine Rute auswerfen; für Privatseen braucht man die Erlaubnis des Besitzers und eine Angellizenz. Vorgeschrieben ist zudem ein Angelschein, der ca. 5 € kostet (Info unter bio@latfri.lv). Auch in Litauen ist eine Genehmigung erforderlich; man erhält sie bei der Fischereibehörde in Vilnius (Juozapaviciaus 9, Tel. 5272 3786) oder bei der nächstgelegenen Niederlassung des Jäger- und Fischerverbands. In Estland ist das Angeln mit Schnur und Haken ohne Genehmigung erlaubt. Wer einen Spinner benutzt, muss einen Angelschein beantragen. Infos über Angelgründe in Lettland unter www.lvm.lv, in Litauen unter www.flyfishing.lt, in Estland unter www.visitestonia.com.

Vogelbeobachtung

Die große Artenvielfalt lockt zahlreiche Vogelliebhaber. Estland hält derzeit den europäischen Rekord – an einem einzigen Tag wurden hier 190 verschiedene Spezies gesichtet. Die Inseln Saaremaa und Hiiumaa sowie die Matsalu-Bucht sind Rastgebiete Hunderttausender von Zugvögeln. Unterkünfte, die Vogelbeobachtung anbieten, findet man unter www.maaturism.ee/de/eesti/Aktiv-Urlaub/Vogelbeobachtung. Reisen zur Vogelbeobachtung in Estland organisieren die Veranstalter **Mare Baltikum Reisen** › **S. 23** und **Birding Estonia** (Peterburi tee 57A, 11415 Tallinn, Tel. 504 5309, www.birding-estonia.com).

Reiten

Es gibt eine Vielzahl von Reiterhöfen, die geführte Touren organisieren. Auch die Nationalparks führen Reitwanderungen durch › **S. 35**. Immer häufiger im Angebot sind Reiterferien auf dem Bauernhof – das Programm reicht von Reitunterricht über Ausritte zu mehrtägigen Touren. Adressen bekommt man u. a. bei den Verbänden für Urlaub auf dem Land (www.atostogoskaime.lt, www.celotajs.lv und www.maaturism.ee).

Unterkunft

In den Hauptstädten und Urlaubsregionen gibt es Unterkünfte aller Preisklassen auf Westniveau. Verzeichnisse halten die Verkehrsämter bereit. Dünner wird die Auswahl abseits der Hauptstädte und touristischen Zentren. Dort stößt man noch auf Unterkünfte, die den Gast direkt in die Sowjetzeit katapultieren. Meist allerdings auch zu moderaten Preisen.

Auf dem Land und an den Küsten sind Pensionen, Unterkünfte auf Bauernhöfen und Privatzimmer weit verbreitet. Die Ausstattung ist in der Regel gut, außerdem gibt es häufig hausgemachtes, landestypisches Essen und man kommt hier eher als im Hotel mit Einheimischen ins Gespräch.

SPECIAL

Bis zum Kinn im Schlamm

Schon die russischen Zaren reisten ins estnische Haapsalu, um Schlammbäder zu nehmen. Schattige Parks und die reizvolle Holzarchitektur machen den Charme des traditionsreichen Kurorts aus. Wie in Kuressaare und Pärnu wird hier seit den 1820er-Jahren Meeresschlamm zu Heilzwecken genutzt: Warme Schlammbäder sind nicht nur entspannend, sie wirken auch lindernd bei Hautkrankheiten und bei Erkrankungen des Bewegungsapparates.

Die ersten Spa-Hotels, die nach der Wende gebaut wurden, setzten einen pragmatisch medizinischen Schwerpunkt und waren eher Sanatorien als Wellnessoasen. Wen es jedoch nicht stört, beim Frühstück Gäste im Bademantel anzutreffen, kann hier den Luxus ungewöhnlich preiswerter Anwendungen genießen – eine halbstündige Massage kostet unter 20 €. Inzwischen haben immer mehr Hotels eröffnet, die bei nach wie vor günstigen Preisen westeuropäischen Standards entsprechen: ohne medizinischen Kurbetrieb, dafür aber mit einem Anwendungsprogramm, das von der Thalassotherapie bis zum Heubad jeden Wunsch erfüllt.

Georg Ots Spa Hotel ist der erste moderne Wellnesstempel westlicher Prägung auf der estnischen Insel Saaremaa. Direkt am Sandstrand von Kuressaare gelegen, verwöhnt es seine Gäste mit Massagen, Thalasso-Anwendungen und kosmetischen Behandlungen. **Pädaste Mõis,** ein estnisches Herrenhaus aus dem 17. Jh. auf der Insel Muhu, wurde zum exklusiven Wellness-Hotel umgebaut. Die luxuriös ausgestatteten Zimmer, die exquisite Küche und das Freizeitangebot genügen selbst höchsten Ansprüchen. Weitere estnische Wellnesshotels findet man unter www.sanatoorium.ee, die wichtigsten Behandlungsmethoden der estnischen Kurorte unter www.estonianspas.eu.

- **Georg Ots Spa Hotel**
  Tori 2 | 93810 Kuressaare
  Tel. 455 0000
  www.gospa.ee
- **Pädaste Mois**
  94716 Muhu
  Tel. 454 8800
  www.padaste.ee

Auftanken im Day Spa

Erschöpft vom Kopfsteinpflastertreten in den baltischen Hauptstädten? Ein Besuch im Day Spa löst verspannte Muskeln und verspricht schnelle Regeneration.

In Tallinn wartet das **Day Spa** auf gestresste Großstädter und Durchreisende. Eine 50-minütige Massage kostet hier 27 €. Das unweit der Tallinner Altstadt am Meer gelegene **Pirita Top Spa Hotel** bietet ein Day Package mit Massage, Gesichtsmaske, Maniküre und Pediküre für 105 €.

In der Altstadt von Rīga lockt das **Aqua Villa Day Spa** mit Sauna, Hammam, Spa-Pool, Massagen und einer breiten Palette von Anwendungen (Day Package ab 85 €).

- **Day Spa**
  Vana-Posti 4 | 10146 Tallinn
  Tel. 641 8701
  www.dayspa.ee
  Tgl. 9–21 Uhr
- **Pirita Top Spa Hotel**
  Regati pst. 1 | 11911 Tallinn
  Tel. 639 8600
  www.tallinkhotels.com
- **Aqua Villa Day Spa**
  Tirgoņu iela 11
  1050 Rīga
  Tel. 781 4686
  www.aquavillaspa.lv

Wellness am Wasser

In Estland sind westliche Wellnesskonzepte am weitesten entwickelt, doch auch die Kurorte der Nachbarländer knüpfen mit neuem Sinn für Luxus an alte Traditionen an. In Litauen lädt, inmitten herrlicher Wälder gelegen, **Druskininkai** › S. 69 mit Mineralquellen zu Bade- und Trinkkuren ein. Reichlich Gelegenheit zur Meerwasser- und Klimatherapie bieten die langen Sandstrände **Palangas** › S. 70 und der **Kurischen Nehrung** › S. 74. Auf die Heilkraft des Meerwassers und der mit Ionen angereicherten Luft setzt man auch im lettischen **Jūrmala** › S. 95. Wem die Ostsee zu kalt ist, der kann sich zur Unterwassermassage in den beheizten Zuber eines Spas begeben.

Kuraufenthalte in den baltischen Staaten hat **Mare Baltikum Reisen** im Angebot.

- **Mare Baltikum Reisen**
  Eichenstr. 27 | 20259 Hamburg
  Tel. 040/49 41 11
  www.mare-baltikum-reisen.de

In den Hauptstädten hat sich in der Kategorie der Luxushotels auch das Preisniveau westlichen Verhältnissen angenähert. Die in der Umschlagklappe genannten Preise gelten jeweils für zwei Personen im Doppelzimmer inklusive Frühstück.

In der Hauptsaison (Mitte Juni–Aug.) sollte man Unterkünfte vorausbuchen. Ferienwohnungen mietet man am besten über einen Veranstalter, z. B. über Mare Baltikum Reisen › S. 23.

Privatquartiere

In Kleinstädten und auf dem Land ist das Angebot an Unterkünften noch begrenzt. Bed-&-Breakfast-Adressen sind hier eine Alternative.

Rasastra

B-&-B-Unterkünfte in Estland, Rīga und Vilnius.

- Mere pst. 4 | 10111 Tallinn
- Tel. 661 6291
- www.bedbreakfast.ee

Litinterp

Gästehäuser in Vilnius, Kaunas und Klaipėda.

- Bernardinu 7–2 | 01124 Vilnius
- Tel. 5212 3850
- www.litinterp.com

Bauernhöfe

Ein Urlaub auf dem Land ist besonders für Familien ideal. Viele Gastgeber bieten auch sportliche Aktivitäten wie Rad fahren, Wandern, Reiten, Paddeln, Angeln oder Vogelbeobachtung an.

Estnischer Verband »Urlaub auf dem Land« (Eesti Maaturism)

- Vilmsi 53 g | 10147 Tallinn
- Tel. 600 9999
- www.maaturism.ee

Lettischer Verband »Urlaub auf dem Land« (Lauku ceļotāis)

- Kalnciema 40 | 1046 Rīga
- Tel. 6761 7600
- www.celotajs.lv

Hotel Shakespeare in Vilnius

Litauischer Verband »Urlaub auf dem Land« (Lietuvos Kaimo Turizmo Asociacija)
- K. Donelaičio 2–201 | 44213 Kaunas
- Tel. 3740 0354
- www.atostogoskaime.lt

Camping

Campingplätze sind im Baltikum mit einfachen Holzhütten ausgestattet, die man für etwa 10 € mieten kann. Die Lage der Plätze ist oft wunderschön; hinsichtlich der Qualität gibt es allerdings große Unterschiede. Anschlüsse für Wohnmobile sind bislang noch rar, sie werden aber verstärkt von Bauernhöfen angeboten. Außerhalb der Nationalparks ist wildes Campen im Baltikum überall erlaubt – sicherer ist es jedoch, den nächsten Bauern zu fragen, ob man auf seinem Grund zelten darf. Ein komplettes Verzeichnis aller Campingplätze ist auf der Webseite www.campingbaltikum.de zu finden.

Jugendherbergen

Das Spektrum reicht von angejahrten Häusern mit eher dürftiger Ausstattung bis zum brandneuen Backpacker-Hotel in Rīga (Übernachtung je nach Standard 10–30 €). Eine Übersicht und Buchungsoptionen findet man unter www.hihostels.com und auf den Webseiten der nationalen Organisationen:

Estnisches Jugendherbergswerk
- Narva mnt. 16–25 | 10120 Tallinn
- Tel. 646 1455 | Fax 646 1595
- www.balticbookings.com/eyha
- www.hostels.ee

Lettisches Jugendherbergswerk
- Siguldas pr. 17–2 | 1014 Rīga
- Tel. 2921 8560
- www.hostellinglatvia.com

Litauisches Jugendherbergswerk
- Aušros vartų g. 20–15 | 02001 Vilnius
- Tel. 6565 6571
- www.lha.lt

Die schönsten historischen Hotels

Erst-! klassig

- Das Hotel **Stikliai** in der Altstadt von Vilnius verbirgt sich in einem Haus, das im 17. und 18. Jh. Gast- und Rasthof des Klerus war › S. 57.
- In einem Stadtpalast des 19. Jhs. verströmt das **Europa Royale** ●●● in Rīga eine Atmosphäre dezenter Eleganz (Barona 12, Tel. 6707 9444, www.groupeuropa.com).
- Das Boutiquehotel **The Three Sisters** in Tallinn vereint historische Architektur des 14. Jhs. mit zeitgenössischem Luxus › S. 115.
- Im Hotel **Merchant's House** in Tallinn gilt: Kopf einziehen – hier hängt mancher Mauerbogen in Stirnhöhe. Die Zimmer in dem mittelalterlichen Kaufmannshaus bieten indessen modernsten Komfort › S. 115.
- Das 5-Sterne-Hotel **Schlössle** besticht durch romantisch-rustikale Atmosphäre. Den Platz am Kamin in der Lobby möchte man lange nicht verlassen › S. 115.
- Das **Pädaste Manor** auf der estnischen Insel Muhu ist ein feines, kleines Spa-Hotel in einem restaurierten Herrenhaus des 17. Jhs. – inmitten unberührter Natur › S. 128.

Bei den baltischen Sängerfesten versammeln sich Zehntausende Menschen, um gemeinsam zu tanzen und Volkslieder zu schmettern

LAND & LEUTE

STECKBRIEF LITAUEN

- **Fläche:** 65 200 km^2
- **Einwohner: ca.** 3 Mio.; 85 % Litauer, 6,5 % Polen, 6,3 % Russen, 1,2 % Weißrussen, 0,7 % Ukrainer, 1,6 % andere
- **Bevölkerungsdichte:** 53 Einw./km^2
- **Bevölkerungswachstum:** –0,7 %
- **Hauptstadt:** Vilnius (530 000 Einw.)
- **Amtssprache:** Litauisch
- **Zeitzone:** Osteuropäische Zeit (MEZ plus 1 Stunde)
- **Währung:** Litauischer Litas (LTL)
- **Landesvorwahl:** 00370

Politik

Litauen ist eine parlamentarische Demokratie mit präsidialer Herrschaft. Als Staatsoberhaupt fungiert seit 2009 die parteilose Staatspräsidentin Dalia Grybauskaitė. Aus den Parlamentswahlen im Oktober 2012 gingen die oppositionellen Sozialdemokraten als Sieger hervor, die sich auf eine Koalition mit der Arbeitspartei, der Partei für Ordnung und Gerechtigkeit und der Wahlaktion der Polen Litauens verständigten. An der Regierungsspitze steht Ministerpräsident Algirdas Butkevičius.

Wirtschaft

Mit fast 9 % Wachstum zählte Litauen 2007 zur Spitzengruppe innerhalb der EU. Infolge der Finanzkrise schrumpfte das BIP allerdings 2009 um fast 15 %, legte aber 2011 wieder um 5,9 % zu. Für 2012 wurde ein moderates Wachstum von 2,2 % vorhergesagt. Die Arbeitslosenquote lag 2012 bei knapp 10 %, das durchschnittliche Jahreseinkommen 2011 bei 9496 €. Vorrangiges wirtschaftspolitisches Ziel war der Nachfolgebau des 2009 endgültig abgeschalteten russischen AKWs in Ignalina, der 2015 in Betrieb genommen werden sollte. Bei einer Volksabstimmung im Oktober 2012 entschied sich die Mehrheit der Litauer jedoch dagegen.

Exportiert werden in erster Linie Mineralölerzeugnisse, Maschinen, Elektrogeräte, Chemie- und Holzprodukte. Deutschland ist neben Russland und Lettland wichtigster Handelspartner.

Religion

Die große Mehrheit (80 %) der Bevölkerung ist katholisch; 4 % sind russisch-orthodox und knapp 2 % gehören der evangelisch-lutherischen Kirche an.

STECKBRIEF LETTLAND

- **Fläche:** 64 597 km²
- **Einwohner:** ca. 2 Mio.; 62 % Letten, 27 % Russen, 4 % Weißrussen, 3 % Ukrainer, 2,5 % Polen, 1 % Litauer
- **Bevölkerungsdichte:** 37 Einw./km²
- **Bevölkerungswachstum:** –1,6 %
- **Hauptstadt:** Rīga (713 000 Einw.)
- **Amtssprache:** Lettisch
- **Zeitzone:** Osteuropäische Zeit (MEZ plus 1 Stunde)
- **Währung:** Lettischer Lats (LVL)
- **Landesvorwahl:** 00371

Politik

Da es in Lettland nur kleine Parteien gibt, werden üblicherweise Regierungskoalitionen gebildet, die Machtverhältnisse wechseln häufig. Staatsoberhaupt ist seit 2011 Präsident Andris Bērziņš, Regierungschef seit 2009 Ministerpräsident Valdis Dombrovskis. Er gehört der liberal-konservativen Partei Vienotība an. Neben dem Ziel, wirtschaftlich Anschluss an die älteren EU-Staaten zu finden, ist die Integration der russischstämmigen Bevölkerung ein wichtiges Anliegen. 1991 hatte man den aus der Sowjetunion angesiedelten Bürgern das Recht eingeräumt, sich unbefristet in Lettland aufzuhalten.

Wirtschaft

Hatte nach der Wende die Einführung der Marktwirtschaft Vorrang, versucht man nun, das Wachstum auf westeuropäisches Niveau zu heben. Inzwischen hat Lettland die Wirtschaftskrise von 2008 überwunden, auch die Inflationsrate ist auf 1,8 % gesunken. Der Euro soll frühestens 2014 eingeführt werden. Zentrales Thema ist die gerechte Verteilung des Wohlstands. Immerhin wurde seit der Wende mit Mindestlöhnen, Lohnfortzahlung im Krankheitsfall und Arbeitslosenunterstützung ein tragfähiges soziales Netz aufgebaut. Wichtigster Handelspartner ist Litauen; weitere sind Deutschland, Estland, Großbritannien, Schweden, Finnland, Russland und Polen. Lettland exportiert vor allem Holz und Holzprodukte, Metallwaren und Textilien.

Religion

55 % der Letten sind Protestanten, 24 % Katholiken und 9 % gehören der russisch-orthodoxen Kirche an. Die katholische Bevölkerung lebt vor allem in der Region Lettgallen.

STECKBRIEF ESTLAND

- **Fläche:** 45 227 km²
- **Einwohner:** 1,3 Mio.; 69 % Esten; 25 % Russen, 2 % Ukrainer, 1 % Weißrussen, 0,6 % Finnen, 3,3 % andere
- **Bevölkerungsdichte:** 30 Einw./km²
- **Bevölkerungswachstum:** –0,2 %
- **Hauptstadt:** Tallinn (401 000 Einw.)
- **Amtssprache:** Estnisch
- **Zeitzone:** Osteuropäische Zeit (MEZ plus 1 Stunde)
- **Währung:** Euro (EUR)
- **Landesvorwahl:** 00372

Politik

Staatsoberhaupt der Estnischen Republik ist seit 2006 Präsident Toomas Hendrik Ilves, Regierungschef seit 2005 Ministerpräsident Andrus Ansip, der der Reformpartei angehört. Nach seinem Wahlsieg im März 2011 wurde er neuerlich mit der Regierungsbildung beauftragt. Politisch bietet sich ein ähnliches Bild wie in Lettland – viele Parteien, viele Koalitionsmöglichkeiten und häufiger Machtwechsel. Dennoch gibt es Konstanzen: Alle Verantwortlichen bemühten sich um Stabilisierung der freien Marktwirtschaft und die politische Integration Estlands in den Westen. Mit der EU- und NATO-Mitgliedschaft sowie dem Beitritt zum Schengener Abkommen ist letzteres Ziel erreicht; zunehmend wird nun auch die Frage sozialer Gerechtigkeit ein Thema, ebenso wie die Integration der russischstämmigen Bevölkerung.

Wirtschaft

Die wichtigsten Wirtschaftszweige sind Finanzdienstleistungen, Transportwesen, Informationstechnologie, Telekommunikation, Handel und der Tourismus. Die Immobilien- und Baubranche spielen ebenfalls eine zentrale Rolle. Seit der Einführung des Euro 2011 boomen Export und Investitionen, die Arbeitslosigket ist allerdings mit 12 % recht hoch. Sorgen bereitet die Abwanderung junger qualifizierter Kräfte. Exportiert werden v. a. Maschinen, Holz und Textilien. Finnland, Schweden, Russland und Deutschland sind die wichtigsten Handelspartner.

Religion

Nur 30 % der Esten gehören einer Kirche an: Etwa 4 % bekennen sich zum evangelisch-lutherischen, 13 % zum russisch-orthodoxen Glauben, 3 % sind Baptisten und Katholiken.

Geschichte im Überblick

4000 v. Chr. Finno-ugrische Völker wandern ins Gebiet des heutigen Estland ein.
2500 v. Chr. Indogermanische Stämme besiedeln das Gebiet des heutigen Lettland und Litauen.
100–600 n. Chr. Der Bernsteinhandel mit dem Mittelmeerraum erlebt eine Blüte, Raubzüge der Wikinger an die Ostseeküste.
1180 Kaufleute der Hanse errichten Handelsposten im Baltikum.
1200 Kreuzfahrerheere landen an der Daugava.
1201 Der Bremer Bischof Albert von Buxhoeveden gründet Rīga.
1202 Gründung des Schwertbrüderordens zur Missionierung des heutigen Estland und Lettland.
1219–27 Bischof Albert ruft die Dänen zu Hilfe, die die Festung Reval (heute Tallinn) errichten.
1236 Bei Šiauliai schlagen die Litauer die Kreuzritter und entgehen so der deutschen Besatzung.
1250 Fürst Mindaugas eint die litauischen Stämme, lässt sich aus taktischen Gründen taufen und wird mit päpstlichem Segen König.
1386 Union Litauens mit Polen. Das Land wird zu einer europäischen Großmacht.
1410 Der Deutsche Orden wird von Polen-Litauen vernichtend geschlagen.
Ab 1523 Reformation in Rīga, Reval und Tartu.
1558–82 Mit dem Großangriff Iwans des Schrecklichen beginnt der livländische Krieg, der den Zerfall des Ordensstaats einleitet. Nordestland und Reval werden schwedisch; Dänemark erwirbt Saaremaa und einen Teil Westkurlands; Livland schließt sich Polen an.
1600–29 Polnisch-schwedischer Krieg; Estland und weite Teile Lettlands geraten unter schwedische Herrschaft.
1710 Beginn der Zarenzeit im Baltikum, die 200 Jahre andauert.
1816–19 In Estland, Kurland und Livland wird die Leibeigenschaft aufgehoben.
1869 Erstes estnisches Sängerfest in Tartu; vier Jahre später erstes lettisches Sängerfest in Rīga.
1905 Die russische Revolution greift auf das Baltikum über.
1917/18 Estland, Lettland und Litauen erklären ihre Unabhängigkeit. Die Freiheitskriege dauern zwei Jahre.
1922 Aufnahme der baltischen Staaten in den Völkerbund.
1939 Hitler-Stalin-Pakt; das Baltikum wird in einem geheimen Zusatzprotokoll der Sowjetunion überlassen. Umsiedlung der Deutschbalten.
1940 Die Rote Armee besetzt das Baltikum; Annexion Estlands, Lettlands und Litauens als Sowjetrepubliken. Massendeportationen nach Sibirien.
1941–44 Deutsche Besatzung; Massenmord an der jüdischen Bevölkerung.
1944 Rückkehr der Roten Armee.

1945–56 Zwangskollektivierung der Landwirtschaft und Russifizierung; Verschleppung von 200 000 Balten nach Sibirien.
1983 Die Wortführer der baltischen Opposition werden in Arbeitslager gesteckt.
1986 In verschiedenen Umweltbewegungen wird die Forderung nach Unabhängigkeit laut.
1987 Erste öffentliche Proteste gegen die Besatzer.
1989 Am 23. August wird eine 600 km lange Menschenkette von Tallinn nach Vilnius gebildet.
1990 Litauen erklärt seine Unabhängigkeit.
1991 Estland und Lettland erklären ihre Unabhängigkeit. Am 6. Sept. Anerkennung der drei baltischen Republiken durch die Sowjetunion; am 17. Sept. Aufnahme in die UNO. Rund 1,5 Mio. Russen bleiben im Baltikum.
1993–99 Die sowjetischen Truppen ziehen ab.
2003 In allen drei Republiken werden Referenden zum EU-Beitritt durchgeführt.
2004 Beitritt der baltischen Staaten zu NATO und EU.
2006 NATO-Gipfel in Rīga.
2007 Bei Demonstrationen der russischstämmigen Bevölkerung gegen die Verlegung eines sowjetischen Ehrenmals kommt in Tallinn ein Mensch ums Leben. Beitritt zum Schengener Abkommen.
2009 Vilnius ist Europäische Kulturhauptstadt.
2011 Tallinn ist Europäische Kulturhauptstadt. Andrus Ansip geht aus den estnischen Parlamentswahlen erneut als Sieger hervor und führt zum dritten Mal nach 2005 eine Koalitionsregierung an.
2012 In Litauen legen die Sozialdemokraten bei den Parlamentswahlen im Oktober stark zu, die regierende konservative Vaterlandsunion verliert. Das Volk votiert gegen den Nachfolgebau des 2009 definitiv abgeschalteten AKWs in Ignalina.
2013 Im zweiten Halbjahr tagt der EU-Ministerrat unter dem Vorsitz Litauens.
2014 Rīga wird Europäische Kulturhauptstadt.

Natur & Umwelt

Das Baltikum verdankt sein Landschaftsbild der letzten Eiszeit: Die abschmelzenden Gletscher hinterließen sanfte Moränenhügel, Findlingsfelder und malerische Seen, deren größter, der Peipus-See, in Estland liegt. Die starke Inlandsvereisung brachte es mit sich, dass es so gut wie keine nennenswerten Erhebungen gibt: Der höchste Berg – oder besser Hügel – des Baltikums, der estnische Suur Munamägi, bringt es gerade einmal auf 318 m. Hunderte von Flüssen durchziehen die Region; der bedeutendste ist die Daugava, der geschichtsträchtigste der Nemunas und der schönste die Gauja mit ihrem herrlichen Urstromtal. Neben den Seen und Flüssen bilden vor allem die vielen Moore und urwüchsigen Wälder prägende Landschaftselemente.

Zu den eigentümlichsten Küstenregionen gehört die Kurische Nehrung in Litauen mit ihren gigantischen Wanderdünen. Endlose Sandstrände mit unterschiedlich breiten Dünengürteln säumen die lettische Ostseeküste. Die estnische Küste ist überwiegend stark zerklüftet; sie birgt einsame Buchten mit malerischen Fischerdörfern, denen eine schärenartige Inselwelt vorgelagert ist. Im Norden fallen die Kalkwände der Glintküste senkrecht ins Meer ab.

Auch der seltene Frauenschuh ist im Baltikum noch anzutreffen

Ein gutes Drittel des Staatsgebietes bedecken dichte Forste, deren Beeren- und Pilzreichtum sprichwörtlich ist. Außer Rothirschen, Rehwild und Wildschweinen sind hier auch bedrohte Tierarten wie Elche, Wölfe, Luchse und Braunbären zu Hause. An den Ufern der fischreichen Gewässer leben Biber und Fischotter. Das Baltikum ist ein Vogelparadies: Mehr als 400 Arten werden hier im Sommer gezählt, darunter Kraniche, Moorhühner, Schnepfen, Kiebitze und der seltene Goldregenpfeifer. In Lettland brütet Europas größte Weißstorchpopulation.

Die Idylle trügt jedoch zuweilen: Die sowjetische Besatzung hat große Umweltprobleme hinterlassen. So hing im litauischen Ignalina ein Atomreaktor vom Typ Tschernobyl am Netz – in unmittelbarer Nachbarschaft zum größten Nationalpark des Landes. Er wurde 2009 endgültig abgeschaltet, das umstrittene Projekt eines neuen Atomkraftwerks in Visagina ließ die Regierung 2012 fallen, nachdem sich bei einem Referendum die Mehrheit der Wähler dagegen ausgesprochen hatte. Der Ölschiefer- und Phosphorabbau hat in Estland starke Luftverschmutzung und gravierende Waldschäden verursacht. Er wurde nach der Unabhängigkeit reduziert, aber nicht völlig gestoppt. Auch das Meer ist nicht an allen Abschnitten der baltischen Küste so sauber, wie man es sich wünschen würde.

Das Umweltbewusstsein der Balten ist dennoch hoch entwickelt: Nicht umsonst pflanzten z. B. die Esten zur Feier ihres EU-Beitritts über das ganze Land verteilt 1 Mio. Bäume. Selbst die Unabhängigkeitsbewegung entstand zunächst aus ökologischen Initiativen. So reglementieren heute Umweltgesetze die Holzwirtschaft, mit der viel Geld verdient wird. Sie sollen nicht nur die Nachhaltigkeit dieses Wirtschaftszweigs sichern, sondern auch die herrliche Natur des Baltikums schützen.

SPECIAL

Der Natur auf der Spur

Die Natur des Baltikums ist nahezu unberührt. Damit das so bleibt, wurden große Flächen in Nationalparks unter Schutz gestellt. An der Küste locken steile Klippen, endlose Sandstrände und die höchsten Dünen Europas; im Landesinneren erwarten den Besucher Hochmoore, Sumpfgebiete und dichte Wälder. Malerische Seenplatten und tiefe Flusstäler setzen Akzente in einer weiten, flachen Landschaft, in der verstreut einsame Gehöfte und prächtige Herrenhäuser liegen.

Geschichte in der Natur erleben

Der **Aukštaitija-Nationalpark** im Nordosten Litauens wurde 1974 gegründet, um den Bau des Atomkraftwerks im benachbarten Ignalina zu verhindern. Das 30 000 ha große Areal schützt eine intakte Landschaft aus Wald, Marschen und Wiesen, 30 Flüssen und der größten Seenplatte des Baltikums.

Auf seinem Gebiet liegen rund 80 Dörfer und Weiler, von denen viele ihre traditionelle Holzarchitektur bewahrt haben. Sie geben einen lebendigen Eindruck davon, wie das Leben der Landbevölkerung hier seit alters verläuft. Bei der Parkverwaltung kann man Räder und Boote mieten; sie bietet auch geführte Wanderungen und Kanutouren an.

- **Aukštaitija-Nationalpark**
  Hier werden auch Privatzimmer in den Dörfern des Nationalparks oder schlichte Holzhäuschen auf Campingplätzen vermittelt.
  Distrikt Palūšė
  Tel. 3865 3135
  www.anp.lt

- **Zuvedra ●●**
  Kleines Hotel mit 10 Zimmern am Ufer des Paplovinis-Sees. Sauna, eigenes Restaurant.
  Mokyklos 11 | 30119 Ignalina
  Tel. 3865 2314
  www.zuvedra.com

Stromschnellen und bizarre Felsklippen

Lettlands schönster Fluss, die Gauja, hat ein Urstromtal mit tiefen Schluchten und steilen Sandsteinfelsen ausgeformt, das einzigartige Naturerlebnisse bietet. Es liegt eingebettet in urwüchsige Wälder mit einer reichen Tier- und Pflanzenwelt. Der **Gauja-Nationalpark** › S. 105 ist ein Paradies für Wasserwanderer, lässt sich aber auch zu Fuß, zu Pferd oder per Rad erkunden. Geführte Exkursionen organisiert das Besucherzentrum in Sigulda, dort erhält man auch Tourenvorschläge und Auskunft über Boots- und Fahrradverleihe.

- **Gauja-Nationalpark**
  Turaidas 2a (Gutmannshöhle) | Sigulda
  Tel. 2665 7661
  www.gnp.lv

Verträumte Buchten und Findlinge

40 km östlich von Tallinn beginnt eine Märchenlandschaft aus schroffer Küste, Kiefernwäldern, Mooren und Seen. Im **Lahemaa-Nationalpark** › S. 129 sind Seeadler, Luchse und Braunbären zu Hause. Vom Dorf Käsmu aus führt ein Lehrpfad durch Estlands größtes Findlingsfeld; bei Oandu und beim Gutshof Sagadi wurden Waldlehrpfade angelegt; ein knapp 3 km langer Bohlenweg erschließt das Viru-Hochmoor. Radwege beginnen in Käsmu und Oandu. Das Besucherzentrum in Palmse bietet Karten, Führungen und einen Fahrradverleih.

Reitausflüge in den Lahemaa-Nationalpark hat der **Reiterhof Kuusekännu** im Programm.

- **Lahemaa-Nationalpark**
  Gutshof Palmse
  45435 Palmse | Lääne-Virumaa
  Tel. 329 5555
  www.keskkonnaamet.ee/?lang=lahe
- **Reiterhof Kuusekännu**
  45202 Kadrina | Lääne-Virumaa
  Tel. 325 2942
  http://kuusekannu.maaturism.ee

Heideflächen und einsame Hochmoore

Neben Bruchwäldern und Auenwiesen sind Heideflächen und Moorgebiete typisch für den **Soomaa-Nationalpark.** Am Besucherzentrum starten markierte Lehrpfade. Geführte Wanderungen, Kanufahrten und Ausflüge zum Pilze- oder Beerensammeln im Nationalpark sind z. B. über den Veranstalter **Soomaa. Com/Karuskose** buchbar. Ein besonderes Erlebnis sind die Saunawanderungen zu schwimmenden Saunen auf Booten mit wechselnden Standorten.

- **Soomaa-Nationalpark**
  Besucherzentrum im Wald bei Tirpu
  Tel. 435 7164
  www.soomaa.ee
- **Soomaa.Com/Karuskose**
  Mobil-Tel. 506 1896 (Aivar Ruukel)
  info@soomaa.com
  www.soomaa.com

Die Menschen

Begeistert sind die Esten, Letten und Litauer nicht, wenn man sie als Balten bezeichnet. Obwohl sie Nachbarn sind, haben sie keine gemeinsame Geschichte und gehören in ganz unterschiedliche ethnische, sprachliche und kulturelle Zusammenhänge. Auch hinsichtlich der Religion lassen sich die drei Länder, die als letzte Völker Europas zum Christentums bekehrt wurden, nicht über einen Kamm scheren. Während Estland und Lettland protestantisch geprägt sind, bekennt sich ein Großteil der Litauer zum katholischen Glauben. Die Religion hat dort im Alltag der Bevölkerung einen hohen Stellenwert.

Doch bei allem Trennenden gibt es einen Umstand, der die drei Staaten vereint: Von jeher den Machtgelüsten starker Nachbarn ausgesetzt, waren sie fast 50 Jahre lang Sowjetrepubliken. Die Supermacht regierte mit eiserner Hand – Zigtausende Balten wurden nach Sibirien verschleppt und die Opposition systematisch unterdrückt.

Die politische Entwicklung des 20. Jhs. – die Massendeportationen nach Sibirien ab 1941, die Auswanderungswelle nach dem Zweiten Weltkrieg und die Verschleppung Zigtausender Balten während der Sowjetzeit – haben die Bevölkerungsstruktur der baltischen Republiken stark beeinflusst.

Im Alltag der Litauer spielt die Religion eine wichtige Rolle

Deutsche gibt es heute kaum noch, obwohl sie die Region maßgeblich prägten: Im 13. Jh. errichteten deutsche Kreuzritter im heutigen Estland und Lettland einen Ordensstaat. Daraus ging eine deutschbaltische Oberschicht aus Adeligen, Kaufleuten und Handwerkern hervor, die sich ihre Privilegien bis in die Zarenzeit erhalten konnte. Nach dem Ersten Weltkrieg wurden alle deutschen Großgrundbesitzer enteignet. Die 700-jährige Geschichte der Deutschen im Baltikum endete 1939 mit dem Hitler-Stalin-Pakt und Hitlers Parole »Heim ins Reich«. Die baltischen Staaten wurden der Sowjetunion zur »territorial-politischen Umgestaltung« überlassen und alle Deutschen nach Westen umgesiedelt.

Um die annektierten Gebiete gleichzuschalten, siedelte Moskau ab 1944 in den baltischen Industriezentren massenhaft Sowjetbürger an. Mit Erfolg: Die Letten stellen im eigenen Land heute nur knapp die Mehrheit; in Estland haben fast 30 % der Bevölkerung russische Wurzeln. Einzig in Litauen besitzen fast alle Einwohner einen litauischen Pass – eine Folge der vergleichsweise geringen Industrialisierung.

Obwohl Deutschland im Zweiten Weltkrieg mit Massendeportationen und -ermordungen unter den Juden furchtbares Unheil anrichtete, hat die als größeres Übel empfundene Sowjetzeit viele schlechte Erinnerungen überlagert. Im Baltikum schlägt man den historischen Bogen heute etwas weiter zurück und knüpft lieber an die alte Verbindung nach Deutschland an als an die jüngere nach Russland.

Kunst & Kultur

Nach Jahrhunderten der Fremdbestimmung konnten die baltischen Staaten erst im 19. Jh. eine eigene Identität entwickeln. Die geografische Lage zwischen Ost und West und die ethnische Vielfalt haben ihre Kultur in allen Bereichen geprägt – am augenfälligsten wird dies an der Architektur der Städte. Dass die Balten als letzte europäische Völker zum Christentum fanden, bedeutet auch, dass vorchristliche Mythen und Gesänge hier lebendiger blieben als anderswo. Noch während der Sowjetzeit stellte diese mündliche Überlieferung eine Gegenwelt dar, in die man sich aus dem sozialistischen Alltag flüchtete.

Musik von Klassik bis Pop

Musik ist den Balten so wichtig wie die Luft zum Atmen. Entsprechend viele baltische Tonkünstler haben es auf die Bühnen der Welt geschafft – vor allem im Bereich der Klassik.

Wichtigster zeitgenössischer Komponist ist **Arvo Pärt** (geb. 1935), der die ersten estnischen Zwölftonstücke schrieb und sich später der sakralen Musik zuwandte. Probleme mit dem Kulturdiktat der Sowjets bewogen ihn zur Ausreise; seit den 1980er-Jahren lebt Pärt in Berlin.

Sein Landsmann **Erkki-Sven Tüür** (geb. 1959) begann als Autodidakt und Rockmusiker. In seinen Werken kombiniert er Rockelemente mit Klassik und Volksmusik.

Berühmtester baltischer Musiker ist der aus Rīga stammende Violinist **Gidon Kremer** (geb. 1947). Als international gefeierter Star gewährte ihm die Sowjetunion 1977 uneingeschränkte Reisefreiheit. 1997 gründete Kremer mit jungen Talenten aus den baltischen Staaten das Kammerorchester »Kremerata Baltica«, das in der gesamten Welt viel beachtete Gastspiele gibt.

Die estnischen Zwillingsschwestern **Anu** und **Kadri Tali** (geb. 1972) gründeten 1997 das **Nordic Symphony Orchestra**. Anu dirigiert die Musiker aus 15 Nationen, Kadri ist Managerin. Das Orchester spielt in der ganzen Welt, aber auch in der estnischen Konzerthalle in Tallinn, und hat diverse CDs eingespielt, u. a. auch mit Werken von Erkki-Sven Tüür.

Zu den großen Namen des Jazz zählen der Gitarrist **Juozas Milašius** aus Litauen und die estnische Sängerin und Komponistin **Hedvig Hanson,** die ihre Klangwelten zweisprachig errichtet. Natürlich gibt es im Baltikum auch Popmusik: **Tanel Padar** und **Dave Benton** gewannen 2001 den Grand Prix d'Eurovision für Estland. **Marie N.,** studierte Juristin aus Rīga, siegte 2002 mit einer Eigenkomposition. Auch die erfolgreiche lettische Popgruppe **Brainstorm** verdiente sich beim Europäischen Schlagerwettbewerb Lorbeeren.

Literatur

Nach der Eingliederung ins Sowjetreich unterlag die baltische Literatur zunächst einer rigiden Zensur, die viele Autoren ins Exil trieb. Andere wichen auf Lyrik aus, die von der Obrigkeit weitgehend ignoriert wurde. Die Romane des Litauers **Jurgis Kuncinas** (1947–2002) waren in seiner Heimat verboten; im Ausland fand jedoch besonders »Mobile Röntgenstationen« (Athena-Verlag, 2002) große Beachtung. Anderen Autoren gelang die Gratwanderung: Als bedeutendster zeitgenössischer Schriftsteller gilt der Este **Jaan Kross** (1920–2007), dessen historische Romane (allen voran »Der Verrückte des Zaren«, dtv, 2003) auch in Deutschland ein breites Publikum gefunden haben.

Zu den wichtigen jüngeren Autoren zählte die in Vilnius geborene **Jurga Ivanauskaitė** (1961–2007). Ihr erotische Szenen schildernder Roman »Die Regenhexe« (dtv, 2004) sorgte 1993 im katholischen Litauen für einen literarischen Skandal. An Tabus rührte auch **Dace Rukšāne** (geb. 1969 in Rīga) mit ihrem Erstlingswerk »Romanze«. Ihr drittes Buch »Warum hast Du geweint« (Ammann, 2007) ist auch auf Deutsch erschienen. Als große Begabung gilt **Renata Serelyte** (geb. 1970 in Vilnius), die 1997 mit »Sterne der Eiszeit« (Rowohlt, 2002) debütierte.

Architektur

Vereinfacht lässt sich sagen, dass in Lettland und Estland die hanseatische Backsteingotik dominiert; im katholischen Litauen hingegen der Barock. Dessen bedeutendste Schöpfungen sind dem Petersburger Hofarchitekten **Bartolomeo Francesco Rastrelli** (1700–1771) zu verdanken › **S. 101**. Rīga besitzt zudem einen in Europa einzigartigen Schatz an Jugendstilbauten. **Michael Eisenstein** (1867–1921) ist in dieser Stilepoche als herausragender Architekt zu nennen › **S. 79, 85**. Tallinn zählt mittlerweile auch eine Handvoll gläserner Türme zu seiner Skyline; so schafft etwa die kantige Silhouette des Radisson Blu Hotel einen starken Kontrast zu den schweren mittelalterlichen Mauern und den schlanken Kirchtürmen der Altstadt.

Im katholischen Litauen dominiert der Barock (Heiliggeistkirche, Vilnius)

Bildende Kunst

Der Aufbruch nach der Unabhängigkeit hat eine junge Künstlergeneration geradezu beflügelt. Dennoch: Kunst kostet Geld, und daran fehlt es in den baltischen Ländern. Entsprechend wenige Sammler und Galerien gibt es, und auch der Staat kann sich für die Förderung der Künste kaum engagieren. Das führte nach erster Begeisterung über die neue Freiheit vielerorts zur Ernüchterung. Langsam entstehen aber neue Foren. Vilnius besitzt mit dem **Contemporary Arts Centre (CAC)** › **S. 55** das wichtigste baltische Zentrum für moderne Kunst. 2009 wurde in den Räumen des Revolutionsmuseums die litauische **Nationalgalerie für Moderne Kunst** eröffnet. Nach dem Vorbild des **Museums für Moderne Kunst (KUMU)** › **S. 113** und der **Kunsthalle** in Tallinn möchte man hier auch zeitgenössischen Künstlern Gelegenheit geben, im Rahmen von Wechselausstellungen ihr Werk zu präsentieren.

Zu den bedeutendsten Vertretern der Vergangenheitskunst zählen in Lettland der Landschaftsmaler **Vilhelms Purvītis** (1872–1945), dessen Bilder auch in europäischen Museen hängen. Hauptvertreter des lettischen Jugendstils ist **Jānis Rozentāls** (1866–1916), der standesgemäß in der Albertstraße in Rīga lebte und arbeitete. Der Bildhauer **Kārlis Zāle** (1888–1942) entwarf u. a. das Freiheitsdenkmal in Rīga › **S. 85**.

Mikalojus Konstantinas Čiurlionis, 1875 im litauischen Varėna geboren, hob als Maler und Musiker die Grenzen zwischen den Künsten auf. Seine Bilder komponierte er nach musikalischen Gesetzen. Als er 1911 35-jährig starb, hinterließ er 300 Gemälde. Sein Werk ist in dem nach ihm benannten Nationalmuseum in Kaunas ausgestellt › **S. 67**.

SPECIAL

Volkssport Singen

Dass der Grand Prix zweimal hintereinander im Baltikum stattfand – 2002 in Tallinn, 2003 in Rīga – ist kein Zufall: Ein Leben ohne Musik kann sich hier niemand vorstellen. Chorgesänge und Lieder sind ein wichtiger Bestandteil der Volkskultur. Schon lange vor der »singenden Revolution« in den 1990er-Jahren halfen sie den baltischen Völkern, ihre nationale Identität zu bewahren.

Liedgutpflege unter freiem Himmel

Die größten Chöre der Welt kommen anlässlich der **Sängerfeste** zusammen. 1869 fand das erste in Estland statt, die Nachbarländer zogen bald nach. Bis heute sind die Sängerfeste nationale Ereignisse, zu denen Exilbalten aus aller Welt anreisen. Tagelang singen Chöre überall in der Stadt – oder versammeln sich in den großen Arenen. 30 000 Sänger fasst etwa die Bühne in Vilnius. Sängerfeste finden alle vier bis fünf Jahre statt. Die UNESCO zählt sie seit 2003 zum Weltkulturerbe.

Das nächste landesweite Sängerfest findet 2014 in Estland statt. Sonderreisen zu diesem Event veranstaltet **Schnieder Reisen** (Tel. 040/ 380 20 60, www.baltikum24.de).

Opern-Highlights zum Spartarif

Das Niveau ist hoch, die Preise niedrig: Wo sonst kann man für 2–15 € hochkarätige Aufführungen sehen? Das schönste und renommierteste Opernhaus besitzt Rīga – von Kennern wird es mit der berühmten Moskauer Bolschoi-Oper gleichgesetzt.

1

- **Lettische Nationaloper**
  Aspazijas bulv. 3 | 1050 Rīga
  Kartenbestellung unter Tel. 6707 3777, boxoffice@opera.lv,
  Mo–Sa 10–19, So 11–19 Uhr
  www.opera.lv
- **Estnische Nationaloper**
  Estonia pst. 4 | 10148 Tallinn
  Vorverkauf tgl. 11–19 Uhr,
  Kartenbestellung Mo–Fr 10–16 Uhr
  unter Tel. 683 1210, Fax 683 1246
  oder info@opera.ee
  www.opera.ee
- **Litauische Nationaloper**
  A. Vienuolio 1 | 01104 Vilnius
  Vorverkauf Mo-Fr 10–19, Sa bis 18,
  So bis 15 Uhr. Kartenbestellung
  unter Tel./Fax 6155 1000, 5262 0727
  oder info@opera.lt
  www.opera.lt

Festivals von Klassik bis Jazz

Der baltische Sommer gehört der Musik: Prominent besetzte **Opernfestivals** finden im Juni in Rīga (www.opera.lv) und Ende Juli in Kuressaare statt. An Liebhaber klassischer Musik wendet sich auch das **Thomas-Mann-Festival** im Juli auf der Kurischen Nehrung (www.thomas-mann-haus.de). **Festivals klassischer Musik** (www.filharmonija.lt) werden zudem im Juni in Vilnius sowie im August in Klaipėda veranstaltet. Das estnische **Opernfestival Summer Night Stars** findet im Juni in Tallinn statt (www.opera.ee). **Festivals für Alte Musik** kann man im Juli im Barockschloss Rundāle, in Rīga, in der Burgruine von Bauska sowie im estnischen Viljandi (www.viljandi.ee) besuchen.

Im Frühling trifft man sich zum **Internationalen Jazzfestival** in Tallinn (www.jazzkaar.ee). Weitere **Jazzfestivals** finden im Juni in Klaipėda (www.jazz.lt) und Ende Juli in Saulkrasti (www.saulkrastijazz.lv) statt. Zum **Internationalen Jazzfestival** in Vilnius (www.vilniusjazz.lt) im Herbst reisen Fans aus der gesamten Region an.

Orchestermusik auf Weltniveau

Baltische Orchester genießen Weltruf: In der Philharmonie in Vilnius treten das **Litauische Symphonieorchester**, das **Kammerorchester** und das **Čiurlionis-Streichquartett** auf. Das renommierte **Lettische Symphonieorchester** erfüllt die Konzerthalle der Großen Gilde in Rīga mit Wohlklang. Werke zeitgenössischer lettischer Komponisten, aber auch Barockmusik und Wiener Klassik spielt das **Rīgaer Kammerorchester.** Das **Estnische Symphonieorchester** ist im Tallinner Konzertsaal zu Hause.

- **Litauische Philharmonie**
  Aušros Vartų 5
  Tel. 5266 5233
  www.filharmonija.lt
- **Lettisches Symphonieorchester**
  Amatu 6
  Tel. 6721 3643
  www.lnso.lv
- **Neues Rīgaer Kammerorchester**
  unterschiedliche Spielorte
  chamberorchestra@music.lv
  www.music.lv/chamberorchestra/de
- **Estnisches Symphonieorchester**
  Estonia pst. 4
  Tel. 614 7700
  www.concert.ee

Feste & Veranstaltungen

Den ganzen Sommer über finden im Baltikum Musikfestivals statt. Die wichtigsten sind im Special auf S. 41 aufgeführt. 2014 ist Rīga Europäische Kulturhauptstadt, zusammen mit der schwedischen Universitätsstadt Umeå. Informationen über das Veranstaltungsprogramm findet man unter www.riga2014.info.

März: **Kazimir-Tag,** Volksfest in Vilnius zu Ehren des litauischen Schutzpatrons (Anf. März).

Mai: **Internationales Folklorefestival** in den Höfen der Altstadt von Vilnius (Ende Mai, www.etno.lt).

Mai/Juni: **Deutsche Kulturtage** in Klaipėda, Gastspiele, Konzerte, Ausstellungen und Lesungen.

Juni: **Johannisfest** (24. Juni): Die Mittsommernacht wird im ganzen Baltikum mit Sonnwendfeuern, Tanz und speziellen Speisen gefeiert; stimmungsvolle öffentliche Feiern finden zu diesem Anlass in den Freilichtmuseen und an archäologischen Fundorten wie dem litauischen Kernavė statt. Besonders eindrucksvoll sind die langen Sonnenuntergänge an der Ostseeküste, etwa im lettischen Jūrmala; **Baltisches Mittelalterfestival** in Cēsis (Mitte Juni, www.cesis.lv).

Juli: Große **Sängerfeste** (Anf. Juli; › Special S. 40); **Biersommer** (»Ollesummer«) in Tallinn: Das größte Bierfest des Nordens (1. Julihälfte); **Mittelalterliche Markttage** in Tallinn, Präsentation alter Handwerke auf dem Rathausplatz (1. Julihälfte); **Meeresfestival Baltic Sail** in Klaipėda: Wassersport, Regatten und Konzerte (Ende Juli, www.svente.lt); **Hansetage** in Tartu mit Ritterspielen (Mitte Juli, www.hansapaevad.ee).

August: Das **Fest der Weißen Dame** in der Burg von Haapsalu beschwört Estlands berühmtesten Geist (1. Augustwochenende); **Wikingertage** in Käsmu (Anf. Aug.); **Hafenfesttage** in Kuressaare mit maritimen Wettbewerben (2. Augustwochenende); **Fest mittelalterlicher Handwerkskunst** in Nida, Litauen.

September: **Internationale Stadtfesttage** in Vilnius: Musik- und Sportveranstaltungen, Ausstellungen und Gastspiele, Handwerkermarkt auf dem Rathausplatz (www.vilniusfestivals.lt); **Internationales Filmfestival »Arsenals«** in Rīga (Mitte–Ende Sept.).

Oktober: **Gaida Musikfestival** in Vilnius mit zeitgenössischer klassischer Musik aus Mittel- und Osteuropa (www.vilniusfestivals.lt).

November: **Filmfestival »Schwarze Nächte«** in Tallinn (Mitte Nov.–Mitte Dez., www.poff.ee); **Internationales Jazzfestival »Vilnius City Jazz«** (www.vilniusfestivals.lt); **Arēna New Music Festival** in Rīga mit zeitgenössischer Musik vorwiegend lettischer Komponisten (www.arenafest.lv).

Dezember: Erste Monatshälfte **Weihnachtsjazz** in Tallinn; **Weihnachtsmärkte** in den Hauptstädten. Einem alten Brauch folgend, wird am 23. Dez. das alte Jahr in Form von Holzscheiten symbolisch verbrannt.

Essen & Trinken

Von Borschtsch bis Heringsparfait

Die deftige und bodenständige baltische Küche umfasst viele Gerichte, die gemeinhin als typisch deutsch gelten: In Estland beispielsweise Sauerkraut *(hapukapsas)* – gerne als Beilage zu einem geschmorten Schweinebraten *(sea praad)* – und Sülze *(sült)*. Auch Blutwurst *(verivorst)* wird häufig aufgetischt, und Kartoffeln *(kartulid)* dürfen bei keiner warmen Mahlzeit fehlen. Derlei Vorlieben gehen auf die deutschbaltische Vergangenheit zurück. Daneben gibt es auch Berührungspunkte mit der skandinavischen Küche: Preiselbeermarmelade *(pohlamoos)* kommt nicht nur aufs Frühstücksbrot, sondern verleiht auch deftigen Speisen einen süßen Akzent. Weitere Lieblingsgerichte der Esten sind Kalbfleisch in Aspik, Kalbsbraten sowie Heringssalat mit Roter Beete und Rindfleisch *(rossolje)*. Eine wichtige Rolle in der Küche spielt geräucherter Fisch – vor allem Hering und Strömling. Als besondere Delikatesse gilt Heringsparfait.

Lettische Nationalgerichte sind Graue Erbsen mit Räucherspeck und Hefeteigtaschen mit unterschiedlichen Füllungen. Die lettische Sauerkrautsuppe *(skābu kāpostu zupa)* wird mit Gemüse, Speck und Sauerrahm angereichert, die aromatische Sauerampfersuppe mit gekochtem Schweinefleisch, Kartoffeln, Eiern und saurer Sahne. Die meisten Hauptgerichte basieren auf Schweinefleisch mit Kartoffeln in unterschiedlichen Zubereitungen.

Im gesamten Baltikum beliebt: deftige Matjesgerichte

Bodenständige Küche wird in rustikalem Ambiente serviert

Obwohl sie erst im 18. Jh. nach Litauen kam, ist die Kartoffel hier besonders beliebt. In kaum einem anderen Land wird sie auf so vielfältige Weise zubereitet. Kartoffelpfannkuchen *(bulviniai blynai)*, Kartoffelpuffer *(kugelis)* und das Nationalgericht *cepelinai* – mit Fleisch oder Käse gefüllte Kartoffelklöße – sollte man unbedingt probieren. Selbst Würste sind hier manchmal mit Kartoffeln gefüllt – *vėderai* nennt sich diese Spielart.

Die Sowjetzeit blieb auch für die baltische Küche nicht folgenlos. *Borschtsch*, eine Suppe aus Roter Beete, Kartoffeln, Ei und Sauerrahm, steht ebenso häufig auf dem Speiseplan wie *Soljanka, Schaschlik* oder *pelmeni* – russische Maultaschen.

Im Baltikum versteht man zu backen. Köstliches dunkles Brot bekommt man überall, in Lettland und Litauen ist es oft mit Kümmel oder Kardamom aromatisiert.

Essen gehen

Die Hauptstädte warten längst mit Restaurants aller Nationalitäten, mit Gourmettempeln und Erlebnisgastronomie auf. Ein Essen in einem einheimischen Traditionslokal sollte dennoch auf dem Programm stehen: Obwohl viele Völker die baltische Küche beeinflussten, hat sie natürlich auch eigene Spezialitäten entwickelt. Sie geraten den Küchenchefs meist besser als ihre ambitionierten, aber bisweilen noch ungeübten Versuche, es mit der internationalen Küche aufzunehmen. Neuerdings gibt es auch einheimische Restaurantketten, so sind in Lettland »Lido«-Filialen verbreitet und in Litauen Niederlassungen von »Čili«.

Vegetarische Restaurants sind im Baltikum bisher selten, und die einheimische Küche zwingt Vegetarier oft dazu, ihre Mahlzeiten weitgehend auf Kartoffel- und Kohlbasis zu bestreiten. Die Restaurants in den Hauptstädten haben aber meist auch Fleischloses auf der Karte.

Auf dem Land kann man sehr preiswert tafeln. In den Hauptstädten nähert sich das Preisniveau gehobener Restaurants zunehmend westeuropäischen Verhältnissen an; in Mittelklasse-Restaurants isst man jedoch immer noch wesentlich günstiger als in Deutschland. Inzwischen werden nicht nur in Luxushäusern, sondern auch in einfacheren Lokalen englischsprachige Speisekarten angeboten.

Getränke

Weinliebhaber haben im Baltikum das Nachsehen – wenn man überhaupt Wein bekommt, ist er sehr teuer. Dafür sind die einheimischen Biere (in Estland »Saku« und »Saaremaa õlu«, in Lettland »Aldaris« und »Tērvetes«, in Litauen »Švyturys«) preiswert und sehr gut. Viele Restaurants brauen selbst – probieren lohnt. Wodka hat nach dem Ende der Sowjetzeit seine zentrale Rolle bei der Abendgestaltung eingebüßt. In Estland wird der Kräuterschnaps »Vana Tallinn« hergestellt. Früher benötigte man ihn zum Schmieren russischer Beamter. Heute gibt er, ebenso wie der lettische »Rīga Balzams« oder der litauische »Balzamas«, ein begehrtes Mitbringsel ab.

Tagsüber wird im Baltikum viel Tee konsumiert – ein Erbe aus sowjetischen Tagen. Kaffee wird nach Art des türkischen Mokka zubereitet. Das Angebot einheimischer Mineralwassersorten ist groß und gut. Beliebte Getränke sind auch Milch, Kefir und Kwass, eine Art Brottrunk. Eine Spezialität ländlicher Gebiete ist selbst hergestellter Moosbeeren- und Birkensaft.

Die besten Restaurants mit Landesküche

Erst-klassig

- **Marceliukės Klėtis,** Vilnius: Authentische litauische Gerichte in urigen Räumlichkeiten mit viel Holz › **S. 58.**
- **Lokys** ●
  Beste Wildküche in einem gotischen Kellergewölbe, ein ausgestopfter Bär *(lokys)* schaut beim Essen zu.
  Stiklių 8/10 | Vilnius
  Tel. 5262 9046
  www.lokys.lt
- **Vincents,** Rīga: Prämierte Gourmetküche aus regionalen Zutaten, minimalistisches Dekor › **S. 88.**
- **Salve,** Rīga: Das pseudomittelalterliche Dekor ist gewöhnungsbedürftig, aber die verfeinerte lettische Küche lohnt sich › **S. 89.**
- **Kuldse Notsu Kõrts,** Tallinn. Traditionelle estnische Küche, serviert in einem Kellergewölbe von Personal in Tracht › **S. 116.**
- **Restaurant Ö** ●●
  Das Kontrastprogramm dazu bietet die moderne estnische Küche dieses schicken Lokals in der Neustadt.
  Mere pst. 6e | Tallinn
  Tel. 661 6150
  www.restoran-o.ee

TOP-TOUREN IM BALTIKUM

Essenz baltischer Landschaft: die in dichte Wälder eingebettete Seenplatte von Trakai mit der gotischen Backsteinburg

Vilnius

Das Beste!

- Vom Gediminas-Turm den Blick über das Dächermeer der Altstadt schweifen lassen › S. 52
- Ins anarchische Vilnius eintauchen bei einem Bummel durch das Künstlerviertel Užupis › S. 54
- Am Tor der Morgenröte beobachten, wie junge Mädchen auf Stöckelabsätzen vor der goldenen Madonna in die Knie gehen › S. 56

Aus dem Dächermeer von Vilnius' barocker Altstadt ragen überall Kirchturmspitzen und Glockentürme empor – mit mehr als 50 Gotteshäusern prunkt das »Rom des Ostens«.

Vilnius ist eine Stadt, die man am besten zu Fuß erkundet: Kopfsteingepflasterte Gassen erschließen die Altstadt mit ihren denkmalgeschützten Häusern, den unzähligen Kirchen und der altehrwürdigen Universität. 1900 Gebäude zählt die UNESCO zum Weltkulturerbe: Ihre Fassaden spiegeln alle Baustile von der Gotik bis zum Klassizismus wider. Die deutlichsten Spuren hinterließ jedoch der Barock, dessen heitere Pastelltöne der Stadt ihr südländisches Flair verleihen.

Vilnius ist von jeher eine Vielvölkerstadt, die unterschiedliche Ethnien und Konfessionen beheimatete. Im Laufe der Jahrhunderte siedelten hier Polen, Juden, Russen, Weißrussen und Ukrainer und trieben Handel. Keine andere europäische Hauptstadt wechselte so oft Namen und Herren, allein im 20. Jh. achtmal.

Um Litauens Hauptstadt richtig kennenzulernen, sollte man sich einige Tage Zeit nehmen – in den engen Gässchen gibt es nicht nur Baudenkmäler zu entdecken. Vilnius besitzt zahlreiche Museen und Galerien; in versteckten Innenhöfen warten Cafés auf Gäste, originelle Geschäfte und schicke Boutiquen laden zum Bummel ein.

Touren in Vilnius

Tour 4 Vilnius' Altstadt

Tour-Übersicht:

Verlauf: **Gediminas-Turm › Kathedrale › St. Anna- und Bernhardiner-Kirche › Universität › Tor der Morgenröte**

Dauer: etwa 4 Std., wenn man sich viel Zeit nimmt und zwischendurch im Café verschnauft

Praktische Hinweise:

- Montags sind die meisten Museen geschlossen.

Tour-Start:

Zum Auftakt der Tour verschafft man sich vom **Gediminas-Turm** › S. 52, der zur Oberen Burg gehörte, einen Überblick über die Altstadt. Wer Kraft sparen möchte, nimmt die neue Drahtseilbahn auf den Hügel. Anschließend schlendert man zur **Kathedrale** › S. 52 hinab, deren Glockenturm einen ehemaligen Turm der Unteren Burg einbezieht. Über die von mittelalterlichen Häusern gesäumte Pilies

Vilnius ist eine Stadt der Kirchen

gatvė und die Bernardinų gatvė gelangt man zum herrlichen gotischen Ensemble der **St. Anna- und Bernhardiner-Kirche** › S. 54. Die Šv. Mykolo gatvė führt zur Pilies gatvė zurück. Hier gruppieren sich um zwölf Innenhöfe im Renaissancestil die Gebäude der ***Universität** › S. 53, eine der ältesten Europas. Danach schlendert man die Didžioji gatvė entlang, die Hauptstraße der Altstadt, deren Beginn die orthodoxe **Pjatnizkaja-Kirche** markiert. Sie wurde im 14. Jh. für die russische Frau des Großfürsten Algirdas erbaut. Prunkvolle Barockkirchen säumen den Weg am Rathausplatz vorbei zum ****Tor der Morgenröte** › S. 56, dem einzigen erhaltenen Teil der alten Stadtmauer.

Tour 5 Das barocke Vilnius

Tour-Übersicht:

Verlauf: **Kathedrale › Michaelskirche / Museum für Kirchenkunst › Johanniskirche › Nikolauskirche › Kasimirkirche › Theresienkirche**

Länge: Etwa 4 Std. braucht man, wenn man sich für die Besichtigungen Zeit nimmt.

Praktische Hinweise:

- In Vilnius kann man keine 20 Schritte tun, ohne auf eine Kirche zu stoßen. Da es kaum möglich ist, alle zu besichtigen, empfiehlt es sich, Schwerpunkte zu setzen. Diese Tour führt zu besonders schwelgerischen barocken Gotteshäusern.

Tour-Start:

Die klassizistische Fassade der **Kathedrale** › S. 52 lässt kaum vermuten, dass sich in ihrem Inneren mit der **Kasimir-** und der **Valavičių-Kapelle** gleich zwei Juwele des Barock befinden. Über die Pilies und Sv. Mykolo gatvė gelangt man zur **Michaelskirche** › S. 54 mit einem besonders anmutig geschwungenen, frei stehenden Glockenturm. In der Pilies gatvė erhebt sich am Rand des Großen Hofes der Universität die **Johanniskirche** › S. 53 mit ihrer schwelgerischen Barockfassade. Wenn man nun die Didžioji gatvė hinab zum Tor der Morgenröte schlendert, sieht man mit der **Nikolauskirche** › S. 55, der **Kasimirkirche** › S. 55 und der **Theresienkirche** › S. 55 die barocken Perlen der Stadt aufgereiht wie an einer Kette.

Tour 6 Das jüdische Vilnius

Tour-Übersicht:

Verlauf: **Zentrum für Toleranz › Synagoge › Jüdisches Viertel › Holocaust-Museum › Gedenkstätte Paneriai**

Dauer: 1 Tag; die Gedenkstätte Paneriai liegt 8 km südwestlich des Stadtzentrums.

Praktische Hinweise:

- Die Tour sollte nicht freitags oder samstags durchgeführt werden, dann ist vieles geschlossen.
- Paneriai erreicht man mit dem Zug nach Trakai (Haltestelle Paneriai).

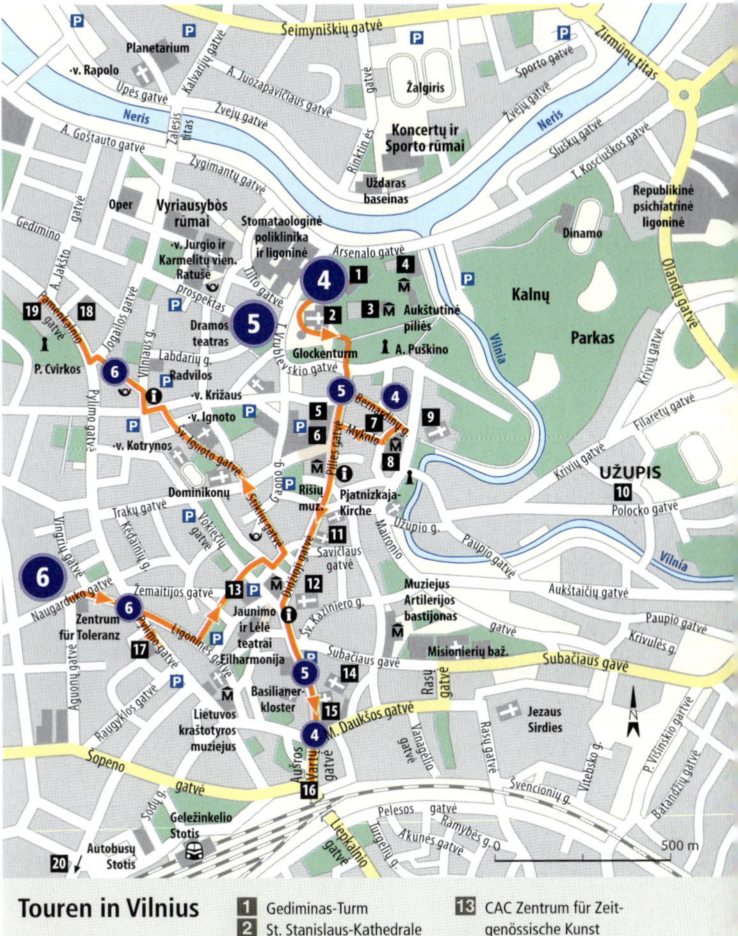

Touren in Vilnius

Tour 4
Vilnius' Altstadt

Tour 5
Das barocke Vilnius

Tour 6
Das jüdische Vilnius

1 Gediminas-Turm
2 St. Stanislaus-Kathedrale
3 Nationalmuseum
4 Museum für angewandte Kunst
5 Universität
6 Johanniskirche
7 Bernsteinmuseum
8 Michaelskirche / Museum für Kirchenkunst
9 St. Anna-Kirche
10 Bohème-Viertel Užupis
11 Nikolauskirche
12 Kasimirkirche
13 CAC Zentrum für Zeitgenössische Kunst
14 Heiliggeistkirche
15 Theresienkirche
16 Tor der Morgenröte
17 Synagoge
18 Genozid-Museum
19 Holocaust-Museum
20 Gedenkstätte Paneriai

Tour-Start:

Für die Juden Osteuropas war Vilnius lange ein geistiges und kulturelles Zentrum. Noch zu Beginn des 20. Jhs. stellten sie ein Drittel der Stadtbevölkerung. Erst unter der deutschen Besatzung, die 1941–44 Zigtausende von Juden das Leben kostete, wurde das blühende »Jerusalem des Ostens« ausgelöscht. Diese Tour führt zu einigen Schauplätzen jüdischer Geschichte.

Südwestlich der Altstadt informiert das **Zentrum für Toleranz** mit einer didaktisch gut aufbereiteten Dauerausstellung über jüdische Geschichte in Litauen (Naugarduko gatvė 10/2, Mo–Do 10–18, Fr, So 10–16 Uhr, www.jmuseum.lt). Ein paar Schritte weiter findet sich die **Synagoge** › **S. 56** mit einer Fotodokumentation zu den zerstörten jüdischen Gebetshäusern. Jenseits der Pylimo gatvė beginnt das **jüdische Viertel**, das sich im Norden bis etwa zur Stiklių gatvė erstreckte – vor dem Holocaust ein lebhafter Stadtteil mit jüdischen Geschäften, später ein Getto. Auf der Sv. Ignoto gatvė westwärts laufend erreicht man die Pamenkalnio gatvė, an der das ***Holocaust-Museum** › **S. 56** liegt. Hier wird unter dem treffenden Titel »Katastrophe« das Schicksal der litauischen Juden im Zweiten Weltkrieg dokumentiert. Letzte Station der Tour ist die 8 km außerhalb gelegene Gedenkstätte **Paneriai** › **S. 56**, im Zweiten Weltkrieg Schauplatz von Massenexekutionen.

Unterwegs in ***Vilnius

Nördliche Altstadt

Gediminas-Turm 1

Der rekonstruierte, achteckige Turm auf dem Burgberg ist ein Relikt der Oberen Burg aus dem 14. Jh. Im Inneren dokumentiert ein kleines Museum Vilnius' Geschichte, von der Aussichtsplattform bietet sich ein herrlicher Panoramablick über die Altstadt (Mai–Sept. tgl. 10–19, Okt.–April 10–17 Uhr).

Erst-! klassig

*Kathedralenplatz

Der Kathedralenplatz (Arkikatedros aikštė) ist der beliebteste Treffpunkt der Stadt. Beherrscht wird er von der klassizistischen **St. Stanislaus-Kathedrale** 2, die einem griechischen Tempel nachempfunden ist. Sie wurde auf den Fundamenten einer mittelalterlichen Kirche erbaut, die ihrerseits eine heidnische Kultstätte für den Donnergott Perkunas ersetzte. Nach zahlreichen Umbauten erhielt die Kathedrale ihre heutige Gestalt im 18. Jh. In der Sowjetzeit fungierte sie als Gemäldegalerie; erst 1989 wurde die Kirche den Gläubigen zurückgegeben. Ihr Glanzstück ist die barocke **Kasimir-Kapelle:** Fresken stellen Szenen aus dem Leben des litauischen Schutzheiligen dar, der hier 1602 beigesetzt wurde. Neben der Kathedrale erhebt sich der 57 m hohe, frei

Zur tempelartigen Kathedrale gehört der frei stehende Glockenturm

stehende **Glockenturm.** Er zählt zu den ältesten Gebäuden der Stadt: Sein Untergeschoss gehörte einst zu einem Turm der Stadtbefestigung.

Das **Nationalmuseum** **3** (Lietuvos Nacionalinis Muziejus) im Neuen Arsenal am Fuß des Burghügels dokumentiert die Geschichte Litauens von der Steinzeit bis in die Gegenwart und zeigt auch volkskundliche Exponate (Mai–Sept. Di–Sa 10–17, So 10–15 Uhr, Okt.–April Mi–So 10–17, Do 10–18 Uhr, www.lnm.lt). Im Alten Arsenal ist das **Museum für angewandte Kunst** **4** untergebracht, in dem neben Keramik, Glas, Textilien, Schmuck und Möbeln vor allem kirchliche Kunst des 15.–19. Jhs. zu sehen ist (geöffnet wie Nationalmuseum).

*Universität **5**

Die 1579 als Jesuitenkolleg gegründete Universität, eine der ältesten in Europa, gruppiert sich um zwölf Innenhöfe. Ihre Gebäude zeigen alle Baustile vom 16. bis zum 20. Jh.

Besonders eindrucksvoll ist der **Große Hof** mit der **Johanniskirche** **6**. Sie wurde 1387 im gotischen Stil erbaut. Nach einem Brand im Jahr 1737 erhielt sie eine prächtige neue Barockfassade und einen Innenraum, der zu den schönsten dieser Epoche in Litauen zählt. Weil die Sowjets die Kirche zu einem Wissenschaftsmuseum umfunktionierten, sind noch immer ca. 50 alte Bücher ausgestellt, darunter einige frühe Beispiele der Druckkunst (Mo–Sa 10–17 Uhr). Heute wird hier wieder die Messe gelesen.

Erst-! klassig

In den umliegenden Bauten ist die **Universitätsbibliothek** mit ihrem Bestand von fast 5 Mio. Bänden untergebracht. Sie besitzt zwei prächtige Lesesäle (Mo–Sa 9–21 Uhr).

*Bernsteinmuseum **7**

Im Bernsteinmuseum (Gintaro muziejus) ist zu sehen, was an den Stränden Litauens so schwer zu finden ist. In einem Gewölbekeller wird die Entstehung und Verarbei-

› Karte S. 51

tung des Baltischen Goldes erklärt. In der angeschlossenen Verkaufsgalerie kann man Design und Schmuck aus Bernstein betrachten (Mykolo 8, tgl. 10–18 Uhr, www.ambergallery.lt).

Michaelskirche 8

In der barocken St. Michaels-Kirche (spätes 16. Jh.) ist seit 2009 das **Museum für das kirchliche Kulturerbe** untergebracht, das sakrale Kunst, liturgische Geräte und Messgewänder zeigt (Di–Sa 11–18 Uhr, www.bpmuziejus.lt).

Gotischer Winkel

Ein Meisterwerk der Backsteingotik ist die ****St. Anna-Kirche 9**. Ihre mit Erkern und Türmchen reich verzierte Fassade wurde aus 47 verschiedenen Ziegelarten erbaut. Das Ergebnis ist leicht und filigran – fast ein bisschen überirdisch. St. Anna ist eine der schönsten Kirchen der Stadt; so schön, dass Napoleon sie angeblich am liebsten mit nach Paris genommen hätte (Mai–Sept. tgl. 11–19, sonst 17–19 Uhr). Ein neogotischer Glockenturm erhebt sich neben dem Baudenkmal, das mit der benachbarten **Bernhardinerkirche** ein einzigartiges Architekturensemble bildet. Das massive Bauwerk war als Wehrkirche in die Stadtbefestigung einbezogen.

Bohème-Viertel Užupis 10

Erst-! klassig

Das exzentrische Künstlerviertel Užupis erstreckt sich am anderen Ufer der Vilnia. Bis ins 19. Jh. war es Armenvorstadt, nach der Unabhängigkeit Litauens 1991 siedelten sich viele Maler, Bildhauer, Musiker und Schauspieler an, die hier ihre eigene Republik gründeten › **unten**.

Zwischenstopp: Restaurant

Užupis Kavine ●

Im Sitz der Regierung von Užupis trifft sich Bohème-Publikum. Abends wird das Café zur Bar (bis 23 Uhr).

- Užupio 2
- Tel. 5212 2138

SEITENBLICK

Die gut gelaunte Mini-Republik

Užupis besitzt alte Häuser, schöne Hinterhöfe, neue Galerien, hübsche kleine Geschäfte – und eine eigene Verfassung. Der Bohème-Stadtteil, der von den Sowjets verwahrlost zurückgelassen wurde, erklärte sich 1997 zur Republik. Die noch junge Unabhängigkeit der Nation wollten einige Užupier besonders intensiv auskosten – und zugleich das Individuum in seiner Einzigartigkeit feiern. Regierungssitz ist das Café »Užupis Kavine« gleich hinter der Brücke, die in den anarchischen Stadtteil führt › **oben**. In diesem traditionellen Künstlertreff wurde die Idee zum Staat im Staate geboren. Zu den rund 80 Botschaftern der eigenwilligen Republik zählt auch der Dalai Lama, der Vilnius 2001 besuchte. Bürger der Republik kann jeder werden – auch ohne Wohnsitz im Stadtgebiet von Vilnius. Denn Užupier ist man nicht kraft Brief, Siegel oder Wohnsitz, sondern aufgrund einer subversiven Geisteshaltung. Und die kann man schließlich überall pflegen.

Bezauberndes gotisches Ensemble: St. Anna- und Bernhardinerkirche

Südliche Altstadt

Didžioji gatvė

Das Zentrum der südlichen Altstadt bildet die Didžioji gatvė, die weiter südlich in die Aušros Vartu gatvė übergeht. Sie wird von eindrucksvollen Barockbauten gesäumt – den Auftakt bildet die orthodoxe **Nikolauskirche** 11.

Die 1604–16 erbaute, dem litauischen Schutzheiligen geweihte **Kasimirkirche** 12 am Rathausplatz ist die älteste Barockkirche der Stadt. Sie war im Laufe der Geschichte katholisches, orthodoxes und protestantisches Gotteshaus, um dann von den Sowjets zu einem Museum für Atheismus umfunktioniert zu werden. Heute gehört sie wieder den Gläubigen.

Hinter dem Rathaus zeigt das ****CAC Zentrum für Zeitgenössische Kunst** 13 (Šiuolaikinio Meno Centras) Arbeiten junger Litauer ebenso wie internationale Ausstellungen zeitgenössischer Kunst. Mit über 2000 m^2 Fläche ist es der größte Ausstellungsort für moderne Kunst im Baltikum. Das Museumscafé hat sich als szeniger Künstlertreff etabliert (Vokiečių 2, Di–So 12–20 Uhr, www.cac.lt).

Aušros Vartu gatvė

Neben dem historistischen Gebäude der Philharmonie gelangt man durch einen Torbogen in den Innenhof des **Basilianerklosters** mit seinem schönen barocken Eingangsportal. Auf der gegenüberliegenden Straßenseite steht etwas erhöht die ***Heiliggeistkirche** 14 aus dem 18. Jh., als Sitz des Erzbischofs die wichtigste orthodoxe Kirche Litauens. Ihr farbenprächtiges Inneres birgt wunderbare Fresken und eine aufwändig gestaltete Ikonostase.

Die von 1633–1650 erbaute **Theresienkirche** 15 ist mit Wandmale-

› Karte S. 51

Die Aušros Vartu gatvė ist Vilnius' schönste Altstadtstraße

reien des 18. Jh. geschmückt, ihr barocker Hochaltar gilt als einer der schönsten des Landes.

Zu den bedeutendsten katholischen Heiligtümern des Landes zählt das ****Tor der Morgenröte 16** (Aušros Vartai), das einzige noch erhaltene Tor der alten Stadtmauer. Die Torkapelle birgt ein Marienbild aus dem 16. Jh., das als wundertätig gilt und Pilgerziel für Tausende von Gläubigen ist.

Neustadt

Synagoge 17

Die 1903 eingeweihte Choral-Synagoge ist das einzig erhaltene von einst 96 jüdischen Gebetshäusern in Vilnius. Zu der Gemeinde, die sich hier zum Gebet trifft, gehören heute wieder etwa 4000 Juden (Pylimo 39, geöffnet zu den Gottesdiensten 8.30 und 19.30 Uhr).

*Genozid-Museum 18

Das von der Gestapo und später vom KGB genutzte Gebäude beherbergt heute ein Museum, das Dokumente zu den Repressionen der Besatzungsregimes und zum litauischen Widerstand zeigt. Auch die früheren Erschießungskammern und Gefängniszellen können besichtigt werden (Aukų 2a, Mi–Sa 10–18, So 10–17 Uhr, www.genocid.lt).

*Holocaust-Museum 19

Mit anrührenden Exponaten wird hier an die grausam vernichtete jüdische Gemeinde in Vilnius und an die jüdische Kultur Litauens erinnert. Eine Sonderausstellung dokumentiert den Holocaust (Pamėnkalnio 12, Mo–Do 9–17, Fr 9–16, So 10–16 Uhr, Führungen auch auf Deutsch, www.jmuseum.lt).

Außerhalb des Zentrums

Gedenkstätte Paneriai 20

Die ca. 8 km südwestlich des Zentrums gelegene Gedenkstätte erinnert an 100 000 Menschen, die die Nazis zwischen 1941 und 1944 im Paneriai-Wald ermordeten. Etwa zwei Drittel von ihnen waren Juden. In einem kleinen Museum sind Dokumente, Fotos und persönliche Gegenstände der Opfer ausgestellt (Agrastų 17, Besuch nach Voranmeldung unter Tel. 6808 1278, www.jmuseum.lt; zu erreichen mit dem Auto über die Savanorių gatvė und die E 28 oder mit dem Zug in Richtung Trakai, Haltestelle Paneriai).

Info

Touristeninformation Vilnius

- Vilniaus 22 | 01119 Vilnius
- Tel. 5262 9660
- Tgl. 9–18 Uhr

Filiale:

- Didžioji 31 | 01128 Vilnius
- Tel. 5262 6470
- Tgl. 9–12.30, 13.15–18 Uhr
- www.vilnius-tourism.lt

Verkehrsmittel

- **Flughafen:** Der übersichtliche Flughafen (www.vilnius-airport.lt) liegt nur 5 km südlich von Vilnius. Ein Taxi ins Zentrum kostet ca. 50 Lt, der Flughafenbus 2,50 Lt.
- **Bahnhof:** Geležinkelio 16. Links werden Fahrscheine fürs Inland, rechts fürs Ausland verkauft. Auskünfte und Ticketbuchung unter Tel. 5233 0086/87/88. Fahrpläne: www.litrail.lt.
- **Busbahnhof:** Sodų 22. Infos und Buchungen unter Tel. 5900 1661, Fahrpläne: www.autobusustotis.lt. Internationale Routen werden von Eurolines bedient (www.eurolines.com).
- **Öffentlicher Nahverkehr:** Busse und Trolleys verkehren in kurzen Abständen in alle Winkel der Stadt. Linien und Fahrpläne: www.stops.lt

Hotels

Hotel Stikliai ●●●

Erst-! klassig

Elegantes Hotel in einem mittelalterlichen Gebäude. Im Restaurant mit französischer Küche tafeln auch Staatsgäste.

- Gaono 7 | 01131 Vilnius
- Tel. 5264 9595
- www.stikliaihotel.lt

Radisson Blu Astorija ●●●

In bester Lage zwischen Tor der Morgenröte, Altem Rathaus und der Kunsthalle CAC bietet das Hotel jeden erdenklichen Luxus.

- Didžioji 35/2 | 01128 Vilnius
- Tel. 5212 0110
- www.radissonblu.de

Shakespeare Hotel ●●●

Komfortables Hotel in einer ruhigen Altstadtstraße. Die Zimmer sind nach großen Dichtern und Literaten benannt und entsprechend eingerichtet.

- Bernardinų 8/8 | 01124 Vilnius
- Tel. 5266 5885
- www.shakespeare.lt

Apia Hotel ●●

Nur 12 charmante Zimmer rund um einen ruhigen Innenhof mitten in der Altstadt.

SEITENBLICK

Ausflüge ab Vilnius

Die Hauptstadt ist auch Ausgangspunkt für attraktive Ausflüge, etwa zum **geografischen Mittelpunkt Europas** › S. 65, den ein auf Lichtungen im Wald angelegter Freilichtpark für moderne Kunst umgibt. Ein Höhepunkt jeder Litauenreise ist **Trakai** › S. 64, das mit seinen malerischen Seen, duftenden Kiefernwäldern und den mächtigen Backsteintürmen der Inselburg die Essenz der Schönheit Litauens bildet. Die archäologische Stätte **Kernavė** › S. 65 mit ihren berühmten fünf Burghügeln ist ein weiteres Ziel für eine abwechslungsreiche Tagestour. Schon in prähistorischer Zeit besiedelt, gilt sie als Litauens älteste Hauptstadt.

› Karte S. 51

- Šv. Ignoto 12 | 01120 Vilnius
- Tel. 5210 3426
- www.apia.lt

Restaurants

Medininkai ●●●
Ausgezeichnete internationale Küche in einem Kellergewölbe aus dem 16. Jh. im Hotel Europa Royale.
- Aušros Vartų 8
- Tel. 6008 6491
- www.medininkai.lt

Marceliukės Klėtis ●●
Erst-klassig! In urigem Ambiente werden die besten Cepelinai der Stadt serviert.
- Tuskulėnų 35 (jenseits der Neris)
- Tel. 5272 5087

Žemaičiai ●●
Deftige litauische Küche und hausgebrautes Bier in historischen Kellergewölben.
- Vokiečių 24
- Tel. 5261 6573
- www.zemaiciai.lt

Forto Dvaras ●
Solide litauische Küche in bester Lage zu moderaten Preisen. Weitere Filialen: Kubiliaus 16, Šiaurės 37, Ukmergės 369, Priegliaus 1.
- Pilies 16
- Tel. 5261 1070
- www.fortas.eu

Shopping

Amber
Hier und im Bernsteinmuseum › **S. 53** kann man qualitätvolle Bernsteinprodukte erstehen.
- Aušros Vartų 9
- www.ambergift.lt

Vilnius Antiques Centre
Erlesene Antiquitäten, darunter auch Ikonen und Samoware.
- Dominikonų 16
- www.antiques.lt

Littera
Gut sortierte Buchhandlung in mit Deckenfresken verzierten Gewölberäumen.
- Universiteto 3

Nationale Design- und Mode-Galerie
Diverse litauische Designer sind in der obersten Etage des neuen Einkaufszentrums vertreten.
- Gedimino 9
- www.gedimino9.lt

Nightlife

Sky Bar
Köstliche Cocktails und einen schönen Blick über die Altstadt im 22. Stock des Radisson Blu Hotel Lietuva.
- Konstitucijos 20
- Tel. 5231 4823

Pabo Latino
Schicker Treff mit heißer Latin-Musik.
- Trakų 3/2
- Tel. 5262 1045
- www.pabolatino.lt
- Do 21–3, Fr, Sa 21–5 Uhr

Brodvėjus
Kneipe und Club in einem; oft Live Acts.
- Mesinių 4
- Tel. 6525 7790
- www.brodvejus.lt
- Mo 22–2, Di 20–3, Mi, Do 20–4, Fr, Sa 20–5, So 21–3 Uhr.

Erinnern an die Sahara: riesige Wanderdünen am Kurischen Haff

Litauen

Das Beste!

- **Picknicken** unter duftenden Kiefern – bei Trakai am Ufer des Galvė-Sees › S. 64
- **Auf dem Berg der Kreuze** darüber staunen, was Glaube gegen ein repressives Regime vermag › S. 66
- **Das bunte Treiben** am Strand von Palanga von der Seebrücke aus beobachten oder sich mitten ins Vergnügen stürzen › S. 70
- **Die Dämmerstunde** auf der Großen Düne der Kurischen Nehrung erleben – ein magischer Augenblick › S. 75

› Karte S. 62

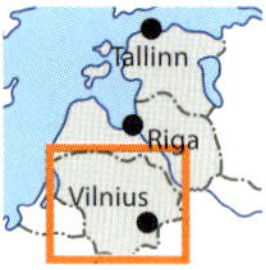

Litauen besitzt eine der spektakulärsten Küstenlandschaften Europas: die Kurische Nehrung mit ihren himmelhohen Dünen. Einen ganz eigenen Reiz entfaltet das Memeldelta. Das Binnenland prägen Wälder und schilfbestandene Seen.

Das berühmteste Stück Litauen ist neben der Hauptstadt eine schmale lange Landzunge, die Kurische Nehrung. Hier lässt sich leicht ein ganzer Urlaub verträumen: Die lichten Kiefernwälder, himmelhohen Dünen und bunten Blumengärten vor den alten Fischerkaten beschwören das Bild längst vergangener Zeiten. Auch am Festland bietet die Küste Abwechslung: Die urwüchsige Landschaft des Memeldeltas lädt zu Wanderungen und Bootsausflügen ein. Im Badeort Palanga tobt das Leben auch noch lange nach Sonnenuntergang.

Im Zentrum des Landes liegt mit dem Berg der Kreuze die bedeutendste Pilgerstätte des katholischen Litauens. Dicht bewaldetes Hügelland und zahlreiche Seen umgeben die heimliche Hauptstadt Kaunas. Ein Höhepunkt jeder Litauenreise ist Trakai mit seinen malerischen Seen, duftenden Kiefernwäldern und den mächtigen Backsteintürmen der Inselburg.

Wälder und schilfgesäumte Seen prägen auch Litauens Süden. Besonders idyllisch präsentieren sich die an Memel-Schleifen gelegenen Kurorte Birštonas und Druskininkai. Östlich von Druskininkai erstreckt sich der Dzūkija-Nationalpark, der Sumpfwälder und Litauens größtes Hochmoor unter Schutz stellt.

Touren in Litauen

Tour 7 Die Höhepunkte Litauens

Tour-Übersicht:

Verlauf: **Vilnius › Trakai › Kaunas › Berg der Kreuze › Klaipėda › Nida › Palanga › Vilnius**

Distanzen: 688 km; 7 Tage

Praktische Hinweise:

- Die Tour lässt sich mit dem Auto oder per Überlandbus realisieren.
- Zwischen Klaipėda und der Kurischen Nehrung verkehren regelmäßig Personen- (Alter Hafen) und Autofähren (Neuer Hafen) › S. 73.

Tour-Start:

Der erste Tag ist dem barocken Kleinod ***Vilnius › S. 48 gewidmet, wo man nach einem ausgiebigen Bummel durch die Altstadt auch die Nacht verbringt. Anderntags geht es zur Wasserburg **Trakai › S. 64, dem berühmten litauischen Wahrzeichen. Nachdem man den Palas besichtigt und die herrliche Seenlandschaft genossen hat, fährt man zurück in die Hauptstadt (Übernachtung). Nächstes Etappenziel der Tour ist das betriebsame ****Kaunas** › S. 67 mit einer schönen Altstadt und mehreren sehenswerten Museen (Übernachtung). Von dort führt der Weg zum ****Berg der Kreuze** › S. 66, der bedeutendsten Pilgerstätte im katholischen Litauen. Gegen Abend wird die hübsche Hafenstadt ***Klaipėda** › S. 72 angesteuert (Übernachtung), von wo man am nächsten Morgen zur *****Kurischen Nehrung** › S. 74 übersetzt. Hier warten mit der Großen Düne und dem verträumten Fischerdorf ****Nida** › S. 74 zwei Höhepunkte einer jeden Litauenreise (Übernachtung). Wesentlich lebhafter geht es im bekannten Badeort ***Palanga** › S. 70 auf dem Festland zu, den man am nächsten Tag ansteuert. Je nach Witterung legt man einen Strandtag ein oder besichtigt das Bernsteinmuseum (Übernachtung hier oder in Klaipėda). Auf der A1 gelangt man am letzten Tag schnell zurück nach Vilnius.

Tour 8 · Radtour an der Küste

Tour-Übersicht:

Verlauf: **Palanga › Klaipėda › Nida › Klaipėda › Insel Rusnė**

Distanzen: 179 km; 4–5 Tage

Praktische Hinweise:

- Litauens erster Küstenradweg ist durchgängig markiert (Fahrradsymbol und Nr. 10 auf blauem Grund).
- In Klaipėda kann man mit dem Rad die Fähre vom Alten Hafen im Stadtzentrum nehmen.

Tour-Start:

Vom beliebten Ostseebad ***Palanga** › S. 70 aus radelt man an einer 20 m abfallenden Steilküste entlang gemächlich gen Süden. In ***Klaipėda** › S. 72 sollte man eine Übernachtung einplanen, um die hübsche Hafenstadt in aller Muße erkunden zu können. Mit der Fähre geht es anderntags auf die *****Kurische Nehrung** › S. 74, wo ein asphaltierter Weg zur ehemaligen Künstlerkolonie ****Nida** › S. 74 führt. Stopps lohnen u. a. der Hexenberg bei Juodkrante mit Figuren aus der litauischen Sagen- und Märchenwelt, der Reiherberg, auf dessen Bäumen Reiher und Kormorane nisten, sowie die Toten Dünen bei Pervalka. In Nida sollte man mindestens eine, besser aber zwei Übernachtungen einplanen, bevor es nach Klaipėda zurückgeht. Von dort radelt man am Haff entlang nach **Šilutė** › S. 76 im Memeldelta; die freundliche Kleinstadt wird von einer wunderschönen Heide- und Moorlandschaft umgeben (Übernachtung). Letzte Station der Tour ist die zwischen zwei Flussarmen gelegene Insel **Rusnė** mit alten Fischerhäusern und einem Leuchtturm aus dem 19. Jh.

Touren in Litauen

Tour 7 **Die Höhepunkte Litauens** **Vilnius › Trakai › Kaunas › Berg der Kreuze › Klaipėda › Nida › Palanga › Vilnius**

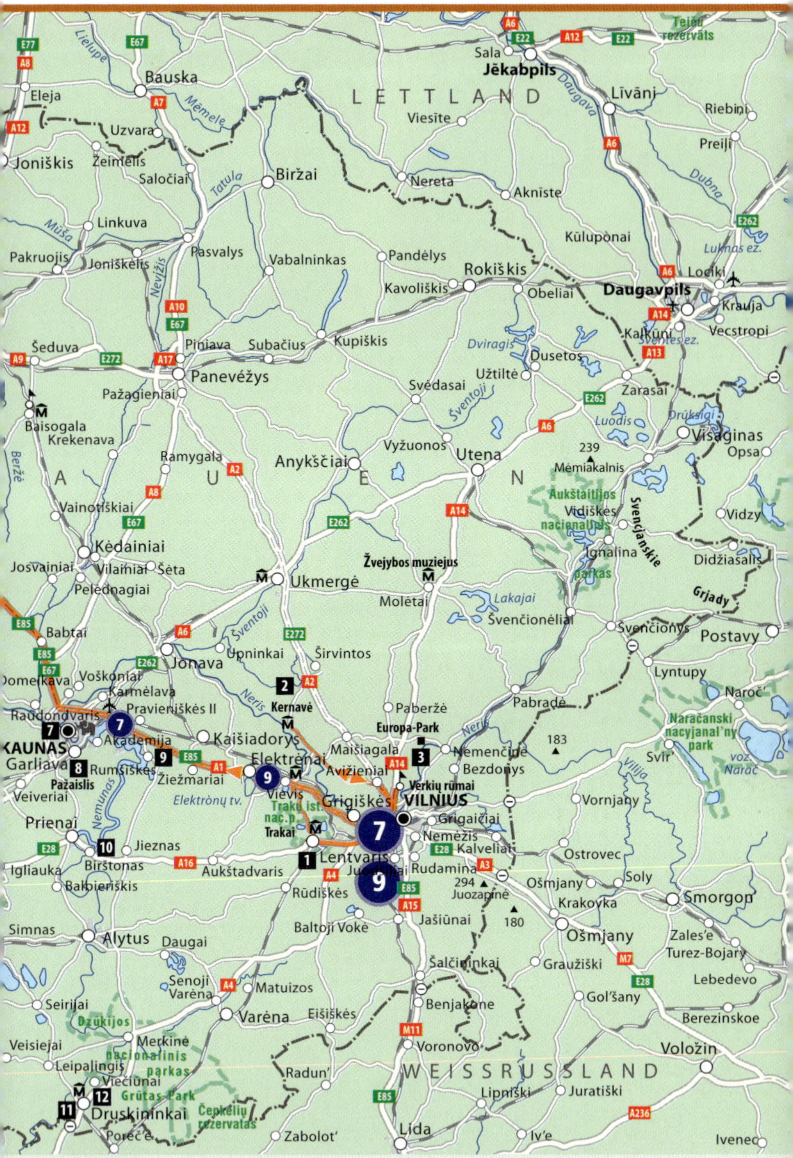

Tour 8 Radtour an der Küste Palanga › Klaipėda › Nida › Klaipėda › Insel Rusnė

Tour 9 Hauptstädte und Königreiche Vilnius › Trakai › Kernavė › Kaunas › Klaipėda › Nida › Palanga › Vilnius

Tour 9 Hauptstädte und Königreiche

Tour-Übersicht:

Verlauf: **Vilnius › Kernavė › Trakai › Kaunas › Klaipėda › Kurische Nehrung /Nida › Palanga › Vilnius**

Länge: 715 km; 7 Tage

Praktische Hinweise:

- Diese Tour verbindet einige der Highlights Litauen mit einem Schnelldurchlauf durch die wechselvolle Geschichte des Landes.

Tour-Start:

Startpunkt der Tour ist *****Vilnius** › S. 48, dessen Sehenswürdigkeiten der erste Tag gewidmet ist. Am zweiten Tag führt der Weg zur archäologischen Stätte *****Kernavė** › S. 65, Litauens ältester, nachweislich bereits vor 800 Jahren besiedelter Hauptstadt. Den dritten Tag verbringt man in ****Trakai** › S. 64, das vor Vilnius Residenz des Fürstentums Litauen war (Übernachtung in Vilnius). Nächstes Etappenziel ist ****Kaunas** › S. 67 (Übernachtung), zwischen den Weltkriegen Regierungssitz der jungen Republik. Von hier steuert man ***Klaipėda** › S. 72 an, einstmals die Metropole des Memellandes (Übernachtung). Am nächsten Morgen setzt man auf die Nehrung über und reist zur Inselhauptstadt ****Nida** › S. 74 weiter. Die nördlich von Klaipėda gelegene litauische Sommerhauptstadt ***Palanga** › S. 70 ist letzte Station der Reise, bevor man nach Vilnius zurückkehrt.

Unterwegs in Litauen

Litauens Osten

2 **Trakai 1

Seine einstige Bedeutung ist dem Städtchen (6000 Einw.) zwar nicht mehr anzusehen, doch bevor Fürst Gediminas die Residenz nach Vilnius verlegte, war Trakai Hauptstadt des Großfürstentums Litauen.

Inselburg

Die Wasserburg Trakai ist das Wahrzeichen Litauens. Sie liegt malerisch auf einer Insel im Galvė-See und ist nur zu Fuß über eine lange Holzbrücke zu erreichen. Die Festung wurde im 14. Jh. als Bollwerk gegen die Ordensritter errichtet und mehrfach ausgebaut, bevor russische Truppen sie 1655 schleiften. In den 1950er-Jahren wurde die Anlage aufwändig rekonstruiert. Heute beherbergt sie ein historisches Museum. Ein beschilderter Rundweg führt durch den Palas (Mai–Sept. tgl. 10–19, sonst Di–So 10–17 Uhr, www.trakaimuziejus.lt).

Am Seeufer können Tret- und Ruderboote ausgeliehen werden; gut markierte Wege laden zu Wanderungen durch die wundervolle Seenlandschaft ein. Erst-klassig!

Idyllisch liegt das Wasserschloss Trakai im Galvė-See

Historischer Stadtkern

Von der ebenfalls im 14. Jh. erbauten **Halbinselburg** am Seeufer sind nur Ruinen erhalten. Die **Vytautas-Kirche** wurde 1409 vom litauischen Großfürsten gestiftet, ihre gotische Fassade bereitet kaum auf die barocke Pracht im Inneren vor.

Im Norden der Halbinsel ist ein kleines **Ethnografisches Museum** den Karäern gewidmet, einer jüdischen Splittergruppe (Karaimu 22, Mi–So 10–18 Uhr). Sie lebten ursprünglich auf der Krim, bevor Fürst Vytautas sie als Leibgardisten nach Trakai holte. Noch heute wohnen einige Karäer in der Altstadt.

Hotel

Salos ●●
Preiswertes Hotel in Seenähe mit Restaurant, Sauna, Pool und Nachtclub.
- Kranto 5b
- Tel 5285 3990
- www.salos.lt

Restaurant

Kybynlar ●
Traditionelle Küche der Karäer.
- Karaimų 29
- Tel. 6980 6320

***Kernavė 2

Kernavė ist die älteste Hauptstadt des Landes. Auf der 40 km nordwestlich von Vilnius gelegenen, zum UNESCO-Weltkulturerbe zählenden archäologischen Stätte wurden Siedlungsreste gefunden, die auf das 10. Jh. v. Chr. zurückgehen. Andere entstammen dem frühen Mittelalter (April–Okt. Di–Sa 10–18, Nov.–März 10–16 Uhr, www.kernave.org).

Europa-Park 3

19 km nördlich von Vilnius liegt das geografische Zentrum Europas. 1991 legte der litauische Künstler Gintaras Karosas hier den Europa-Park an – eine Art Freilichtmuseum für moderne Kunst. Auf Lichtungen im

› Karte S. 62

Der Berg der Kreuze ist zugleich Pilgerziel und nationale Gedenkstätte

Wald sind heute über 100 Arbeiten von Künstlern aus aller Welt ausgestellt. Ein von Karosas gestaltetes Monument zeigt Entfernungen zu den europäischen Metropolen an (tgl. 10 Uhr bis Sonnenuntergang, nettes Café, www.europosparkas.lt).

Zentral-Litauen

Telšiai 4 und Šiauliai 5

Eine ländliche Idylle aus Feldern, Wäldern und Seen umgibt den Bischofssitz **Telšiai,** eine der ältesten Städte des Landes. Wegen ihrer schönen Lage auf Hügeln am Fluss Durbinis lohnt ein Stopp. Sehenswert ist der Bischofsdom, ein spätbarocker Bau mit achteckigem Turm.

In **Šiauliai** (113 000 Einw.) besiegte Fürst Mindaugas 1236 den Schwertritterorden. Die Altstadt wurde im Zweiten Weltkrieg weitgehend zerstört und nicht wieder aufgebaut. Ein Prunkstück blieb jedoch erhalten: die Kirche St. Peter und Paul. Der schöne Renaissancebau wird von einem 70 m hohen Glockenturm überragt.

Info

Touristeninformation Šiauliai
- Vilniaus 213 | 76348 Šiauliai
- Tel. 4152 3110
- www.siauliai.lt

Hotel

Šaulys ●●
Modernes, komfortables Hotel im Zentrum. Bewachter Parkplatz, Restaurant.
- Vasario 16 | 76351 Šiauliai
- Tel. 4152 0812
- www.saulys.lt

Restaurant

Juone Pastuoge ●
Deftige regionale Küche in rustikalem Ambiente; abends Livemusik.
- Aušros 31a
- Tel. 4152 4926

**Berg der Kreuze 6

3

Etwa 20 km nordwestlich von Šiauliai liegt der wichtigste Wallfahrtsort der gläubigen Litauer. Seit dem 19. Jh. stellen Pilger auf dem Hügel am Kulpė-Ufer Kreuze auf, aus allen erdenklichen Materialien, mit Rosenkränzen und Heiligenbildern behängt. Sie symbolisieren eine Bitte oder sind Ausdruck des Danks. Die Sowjets versuchten das Denkmal zu zerstören, konnten die Kreuze jedoch nicht so schnell niederreißen, wie sie von den Gläubigen wieder aufgerichtet wurden – auf eindrucksvolle Weise verbündeten sich hier Frömmigkeit und politischer Widerstand.

**Kaunas 7

Idyllisch liegt Kaunas zwischen grünen Hügeln am Zusammenfluss von Neris und Nemunas. Die Altstadt gehört mit ihren Kirchen und restaurierten Bürgerhäusern zu den schönsten des Baltikums. Mit ihren 321 000 Einwohnern, den sechs Hochschulen und einem regen Kulturleben sieht sich die Stadt gern als heimliche Hauptstadt Litauens. Nach dem Ersten Weltkrieg, als Vilnius zu Polen gehörte, war sie es tatsächlich. Immerhin 20 Jahre – von 1920 bis 1940 – währte das Provisorium.

Altstadt

Die verkehrsberuhigte Vilniaus gatvė lädt mit Geschäften und Cafés zum Bummeln ein. Sie führt zum ***Rathausplatz** (Rotušės aikštė), den mittelalterliche Kaufmannshäuser säumen. Das 1542 errichtete **Rathaus** wird seiner schlanken Architektur wegen im Volksmund »Weißer Schwan« genannt und gleicht eher einer Kirche als einem Verwaltungsbau. Heute sind hier das Standesamt und ein **Keramikmuseum** untergebracht, das die Entwicklung der litauischen Töpferkunst dokumentiert (Di–So 11–17 Uhr).

Das ***Perkūnas-Haus** an der Südseite des Platzes ist ein Juwel der Spätgotik; die im oberen Teil üppig verzierte Fassade wurde aus 16 verschiedenen Ziegelarten erbaut. Von hier erreicht man die gotische **Vytautas-Kirche** am Fluss, ein Backsteinbau aus dem frühen 15. Jh., mit der die spät christianisierten Litauer beeindruckt werden sollten.

Jenseits des Rathausplatzes stehen die Überreste der **Kaunasser Burg.** Sie wurde im 13. Jh. errichtet, um deutsche Kreuzritter abzuwehren. Im Laufe der Geschichte wurde sie mehrmals belagert; das Hochwasser der Neris tat ein Übriges. Die gotische ***Kathedrale St. Peter und Paul** an der Vilniaus gatvė wurde ab 1408 errichtet und über die Jahrhunderte mehrfach umgebaut. Aus der Entstehungszeit blieben nur die schönen Netzgewölbe in Hauptschiff und Chor erhalten.

*M. K. Čiurlionis-Museum

Dem bekanntesten litauischen Maler und Komponisten › S. 39 ist in der Neustadt ein Museum gewid-

Fotogene Stadtbilder Erst-! klassig

- Das liebevoll restaurierte **Vilnius** › S. 48 schwelgt in barockem Formenreichtum.
- **Kaunas** › S. 67 liegt, ringsum umgeben von Wäldern, wunderschön am Zusammenfluss von Nemunas und Neris – und besitzt dazu noch eine prachtvolle Altstadt.
- Zu Recht als »Paris des Nordens« bezeichnet wird die elegante Jugendstilmetropole **Rīga** › S. 77.
- **Cēsis** › S. 104 ist mit Burg, Schloss und mittelalterlicher Altstadt eine der Schönsten in Lettland.
- Das mittelalterliche **Tallinn** › S. 106 hätte man sich bezaubernder gar nicht ausdenken können.
- Noble klassizistische Bauten, alte Holzhäuser und junge Studenten prägen das Stadtbild von **Tartu** › S. 134.

Rathaus von Kaunas (rechts) und Jesuitenkirche

met. Zu sehen sind ca. 300 Zeichnungen und Gemälde, auch seinen Symphonien kann man lauschen. Eine separate Galerie zeigt litauische Volkskunst (Putvinskio 55, Di–So 11–17 Uhr, www.ciurlionis.lt).

*Teufelsmuseum

In den Glasvitrinen dieses einzigartigen Museums sind über 2000 Teufel aus der ganzen Welt versammelt. Bis heute wird die Sammlung ständig erweitert – zu verdanken ist sie dem Maler Antanas Žmuidzinavičius (1876–1966), dessen impressionistisch anmutende Arbeiten hier ebenfalls zu besichtigen sind (Putvinskio 64, Juni–Sept. Di–So 10–17, Okt.–Mai 11–17 Uhr).

Info

Touristeninformation Kaunas

- Laisvės 36 | 44240 Kaunas
- Tel. 3732 3436
- www.kaunastic.lt

Hotels

Daugirdas ●●●

Stilvolles Hotel in der Altstadt mit historischem Flair, das Restaurant liegt im Kellergewölbe aus dem 16. Jh.

- Daugirdo 4 | 44279 Kaunas
- Tel. 3730 1561
- www.daugirdas.lt

Perkūno Namai ●●

Modernes Ambiente; schöne Lage auf einem Hügel unter Eichen. Restaurant mit Sommerterrasse.

- Perkūno 61 | 44226 Kaunas
- Tel. 3732 0230
- www.perkuno-namai.lt

Restaurants

Medžiotojų Užeiga ●●

Gepflegtes Restaurant am Rathausplatz; auf der Karte stehen neben litauischen Spezialitäten auch viele Wildgerichte.

- Rotušės 10
- Tel. 3732 0956
- www.medziotojai.lt

Avilys ●

Litauische Küche und hausgebrautes Bier in einem Keller in der Altstadt.

- Vilniaus 34
- Tel. 3720 7552
- www.avilys.lt

Kloster Pažaislis 8

Erst-klassig

Das Kloster Pažaislis (Pažaislio vienuolynas) zählt zu den schönsten Barockanlagen in Litauen. Es wurde zwischen 1664 und 1719 von italienischen Baumeistern für den Kamaldulenserorden errichtet, der als besonders streng galt. Noch heute existieren zwei der schlichten Eremitagen, in die sich die Mönche zu lebenslanger Andacht einmauern ließen (Di–Fr 10–17, Sa 10–16 Uhr, www.pazaislis.org).

Freilichtmuseum *Rumšiškės 9

In dem etwa 20 km östlich von Kaunas gelegenen Freilichtmuseum sind Szenen dörflichen Lebens aus allen vier historischen Regionen Litauens nachgestellt. Die meisten der 140 Gebäude sind originalgetreu ausgestattet. Regelmäßig finden Handwerksvorführungen statt, am Wochenende kann man Volksmusikkonzerte und Tanzabende genießen. In einer Dorfschänke wird traditionell gekocht (Mai–Sept. tgl. 10–18 Uhr, www.llbm.lt).

Birštonas 10

Der kleine Kurort (3200 Einw.) liegt malerisch in einer Nemunas-Schleife. Sein mildes Klima und die ruhige Lage inmitten dichter Kiefernwälder machen ihn zur Erholungsoase. Seit 1846 stehen die Mineralquellen der Gegend im Dienst der Gesundheit. Die meisten Besucher lockt jedoch die umgebende Natur: Unmittelbar an Birštonas schließt der **Nemunas-Regionalpark** an, wo man auf ausgeschilderten Wegen wandern und dabei Beeren und Pilze suchen kann.

Info

Touristeninformation Birštonas

- B. Sruogos 4 | 59209 Birštonas
- Tel. 3196 5740
- www.visitbirstonas.lt

Hotel

Versmė ●

Postsozialistisches Kurhotel (Schlammbäder, Unterwassermassagen). Restaurant mit schöner Terrasse.

- B. Sruogos 9 | 59542 Birštonas
- Tel. 3196 5673
- www.versme.com

*Druskininkai 11

Der bedeutendste Kurort des Landes wird vor allem wegen seiner Mineralquellen besucht. Elegante Holzvillen, Parkanlagen und das schöne Nemunas-Ufer prägen sein Bild. Östlich der Stadt erstreckt sich der **Dzūkija-Nationalpark**, der Sumpfwälder und Litauens größtes Hochmoor schützt.

Der Maler und Komponist Mikalojus Konstantinas Čiurlionis › S. 39 verbrachte in Druskininkai prägende Jahre. Sein Elternhaus in der Čiurlionio gatvė 35 beherbergt heute das **Čiurlionis-Museum** mit einer Ausstellung zu Leben und Werk des Künstlers (Di–So 11–17 Uhr).

Bernsteinmuseum in Palanga

In derselben Straße informiert das **Girios Aidas-Museum** über die Flora und Fauna der umliegenden Wälder (Nr. 102, Mi–So 10–18 Uhr, www.dmu.lt).

Info

Touristeninformation Druskininkai
- Čiurlionio 65 | Druskininkai
- Tel. 3135 1777
- www.druskininkai.lt

Hotel

Spa Vilnius Sana ●●
Wellnesshotel mit Schlammbädern, Kräuterbädern und Massage.
- K. Dineikos 1 | 66165 Druskininkai
- Tel. 3135 3811
- www.spa-vilnius.lt

Restaurant

Regina ●●
Größtes Restaurant der Stadt, beliebter Treffpunkt. Internationale Küche.
- Kosčiuškos 3
- Tel. 3135 9060
- www.regina.lt

Grūtas-Park 12

Ausrangierte Denkmäler sowjetisch-kommunistischer Helden haben in diesem etwas bizarren Freilichtmuseum eine letzte Ruhestätte gefunden. Da liegen nun die Köpfe von Lenin und Stalin, und auch dem einen oder anderen Marx und Engels wird hier Asyl gewährt. Eine Ausstellung erinnert an die Deportationen (Sommer tgl. 9–20, Winter 9–17 Uhr, www.grutoparkas.lt).

Ostseeküste

*Palanga 13

Im Winter hat der größte litauische Badeort 20 000 Einwohner, an Sommerwochenenden 200 000. Die Saison ist kurz und heftig: Von Ende Juni bis August tobt das Leben, dann senkt sich Ruhe über die Stadt. Vor allem Einheimische lieben Palanga – für seinen herrlichen Sandstrand fast so sehr wie für sein buntes Nachtleben. Die Basanavičiaus gatvė, die zum Strand führt, säumen Cafés, Bars, Spielsalons und Clubs – hier sieht Palanga ein bisschen aus wie Rimini. Nur, dass man unter Kastanien flaniert und beiderseits der Straße schöne alte Holzvillen stehen. Bei Sonnenuntergang trifft man sich am Pier, der 500 m weit ins Meer hineinragt.

*Bernsteinmuseum

Palangas Hauptattraktion, das Bernsteinmuseum, ist im einstigen Schloss des litauischen Grafen Tiškevičius untergebracht. Die ebenfalls auf den Grafen zurückgehende Sammlung ist eine der umfangreichsten der Welt. 4500 Bernsteine sind in 15 Sälen ausgestellt, viele davon mit sog. Inklusen, Einschlüssen von kleinen Lebewesen oder Pflanzenresten. Zudem erfährt man Interessantes über Entstehung und Verarbeitung des »Ostseegoldes« (Juni–Aug. Di–Sa 10–20, So 11–19, sonst Di–Sa 11–17, So 11–16 Uhr, www.pgm.lt). Der Schlosspark ist heute ein Botanischer Garten mit hübschen Spazierwegen.

Info

Touristeninformation Palanga
- Kretingos 1 | 00132 Palanga
- Tel. 4604 8811
- www.palangatic.lt

Hotels

Baltic Inn ●●●
Neues Hotel in Strandnähe mit internationalem Restaurant, die modern ausgestatteten Zimmer verfügen sämtlich über einen Balkon.
- S. Daukanto 10a | 00135 Palanga
- Tel. 4604 8928
- www.balticinn.lt

Hotel Palanga ●●●
Spa-Hotel mit Avantgarde-Architektur, Pool und Saunakomplex.
- Birutės 60 | 00134 Palanga
- Tel. 4604 1414
- www.palangahotel.lt

Restaurant

Žuvinė ●●
Sehr gute Fischspezialitäten, wunderschöne Terrasse.
- Basanavičiaus 37 a
- Tel. 4604 8070
- http://zuvine.lt

Nightlife

Villa Ramybė
Schicke Hotelbar mit Kulturterrasse, im Sommer gelegentlich Live-Jazz.
- Vytauto 54
- www.vilaramybe.lt
- Tgl. 8–24 Uhr

Fortas
Restaurant, Tanzclub und Lounge.
- Nėries 39
- Tel. 4605 1555
- Tgl. ab 12 Uhr

Die attraktivsten Strände

Erst-! klassig

- **Palanga, Litauen** › S. 70.
  Beidseits der Seebrücke tobt abends das Partyleben.
- **Ostseestrand in Nida auf der Kurischen Nehrung** › S. 75.
  Gleich hinter dem Strand erstreckt sich ein Gürtel sonnendurchfluteten Mischwalds.
- **Jūrmala, Lettland** › S. 95.
  Am kilometerlangen Sandstrand ist viel Platz für quirliges Beachlife.
- **Liepāja, Lettland** › S. 98.
  Dünenstrand mit dem wohl weißesten Sand des Landes.
- **Strand von Pärnu, Estland** › S. 128.
  Der feinsandige Strand fällt flach ab – ideal für Kinder.
- **Strand von Võsu im Lahemaa-Nationalpark** › S. 129.
  Dünen, duftende Kiefernwälder und ungestörte Einsamkeit.
- **Peipus-See im Osten Estlands** › S. 136.
  Man wähnt sich am Meer – nur das Wasser ist süß.

› Karte S. 62

Verkehrsmittel

- **Busbahnhof:** Im Zentrum, Kretingos 1. Inlandsverbindungen u. a. nach Vilnius, Kaunas, Šiauliai und Klaipėda sowie Busse nach Liepāja und Rīga.

*Klaipėda 14

Vor 100 Jahren lebten fast so viele Deutsche wie Litauer in der Stadt, die damals Memel hieß. Man sieht es noch: »Germania-Speicher« ist in verblassten Lettern an einer alten Fassade am Danėufer zu lesen. 1923 fiel Klaipėda an Litauen, 1939 ging es an Deutschland zurück. Im Zweiten Weltkrieg wurde die Stadt stark zerstört, fast alle Einwohner flohen. Heute leben 161 000 Menschen in Klaipėda, das trotz des großen Industriehafens eine angenehme Kleinstadtatmosphäre bewahrt hat. Die Altstadt neben der Burg, in der noch vieles an die deutsche Vergangenheit erinnert, steht unter Denkmalschutz.

Altstadt

Die geometrisch angelegte Altstadt erstreckt sich am Südufer der Danė. Ihr Mittelpunkt ist der frisch restaurierte Theaterplatz (Teatro aikštė). Vor dem Simon-Dach-Brunnen mit der ***Ännchen-Statue,** die das aus dem Volkslied bekannten Ännchen von Tharau darstellt, verkaufen Kinder die deutschsprachige Zeitung, die hier noch immer erscheint. Die ältesten Häuser der Stadt, darunter schöne Fachwerkbauten, sind in der Aukštoji gatvė zu bewundern. In der **Alten Post** (Nr. 13) kann man seine Urlaubsgrüße mit Sonderstempeln versehen lassen; im Nebenraum wird Kunsthandwerk gezeigt. Ausstellungen zeitgenössischer litauischer Kunst finden im restaurierten **Alten Speicher** statt (Nr. 3). Das nahe **Klein-Litauen-Museum** (Mazosios Lietuvos istorijos muziejus) dokumentiert die Geschichte des Memellandes mit seiner von Litauern, Deutschen und Juden geprägten Kultur (Didžioji gatvė 6, Di–Sa 10–17.30 Uhr, www.mlimuziejus.lt).

Neustadt

Nördlich der Danė ist die Liepų gatvė (Lindenstraße) sehenswert, in der zur Gründerzeit vermögende deutsche Bankiers und Kaufleute residierten. Repräsentative Bauten des Historismus, Läden und Cafés säumen die hübsche, baumbestandene Allee. Eines der schönsten Gebäude (Nr. 16) ist das **Hauptpostamt** aus dem Jahr 1893, ein neugotischer Bau mit Glockenspiel. Auf Kulturinteressierte warten das **Uhrenmuseum** (Nr. 12, Di–Sa 12–18, So 12–17 Uhr) und die **Gemäldegalerie** mit litauischer Kunst des 18.–20. Jhs. (Nr. 33, Di–Sa 12–18, So 12–17 Uhr). Am Ende der Straße liegt der **Skulpturenpark** (Mažvydo skulpturų parkas). An der Stelle des alten Zentralfriedhofs, den die Sowjets 1977 planierten, sind heute unter freiem Himmel die Arbeiten litauischer Bildhauer ausgestellt.

Erst-! klassig

Info

Touristeninformation Klaipėda

- Turgaus 7 | 91247 Klaipėda
- Tel. 4641 2186
- www.klaipedainfo.lt

Bronzefigur des Ännchen von Tharau auf dem Theaterplatz in Klaipėda

Hotels

Hotel Amberton Klaipėda ●●●
Großes, modernes Hotel am Hafen; umfassendes Serviceangebot. Vom Grillrestaurant in der 12. Etage genießt man einen schönen Panoramablick.
- Naujoji Sodo 1 | 92118 Klaipėda
- Tel. 4640 4372
- www.ambertonhotels.com/klaipeda

Navalis ●●●
Komfortables, relativ neues Hotel in der Altstadt, mit Pool.
- H. Manto 23 | 92234 Klaipėda
- Tel. 4640 4200
- www.navalis.lt

Restaurants

Čili Kaimas ●●
Litauisches Kettenrestaurant mit gutem Preis-Leistungs-Verhältnis; schlichtes, aber freundliches Ambiente.
- H. Manto 11
- Tel. 4631 0953
- www.cili.lt

Friedricho ●●
Malerischer Innenhof mit mehreren Lokalen. Das Friedricho Restaurant serviert feine mediterrane Küche.
- Tiltų 26a
- Tel. 4630 1070
- www.pasazas.lt

Nightlife

Kurpiai
Beliebter Livemusik-Club (Jazz, Rock, Blues) mit kleiner Tanzfläche und angeschlossenem Restaurant.
- Kurpių 1 a
- Tel. 4641 0555
- www.jazzkurpiai.lt

Verkehrsmittel

- **Fähren zur Kurischen Nehrung:** Vom Alten Hafen (Senoji perkėla) am südlichen Danėufer (Žvejų gatvė) nach Smiltynė (im Sommer 2-mal, im Winter 1-mal stdl.), nur für Passagiere. Die Autofähre legt vom Neuen Hafen (Naujoji perkėla) im Stadtteil Smeltė ab (Nemuno gatvė 8, ausgeschildert); zu Stoßzeiten im Sommer alle 20 Min., im Winter alle 40 Min., sonst 1-mal stdl. Fahrpläne: www.keltas.lt; Info-Tel. 4631 1117, 4631 4257 (rund um die Uhr). Preise: pro Pkw 40 Lt, pro Fahrrad 2,90 Lt, pro Person 2,90 Lt.

Erst-! klassig

Die reizvollsten Wanderungen

- **Küstenwanderung auf der Kurischen Nehrung** › **S. 74:** zwischen Haff und himmelhohen Dünen (Tourenvorschläge bei der Touristeninformation in Nida).
- **Čiurlionis-Weg im litauischen Dzūkija-Nationalpark** › **S. 69**. An einem lauschigen Waldweg machen 24 Skulpturen mit dem Werk des Künstlers bekannt (45 km; Info beim Tourismusbüro Druskininkai).
- **Wanderung im Aukštaitija-Nationalpark** – der Weg führt von Paluše › **S. 34** durch verwunschenen Wald zum idyllisch an einem See gelegenen Dorf Kaltanėnai (12 km; Info bei der Parkverwaltung in Paluše).
- **Strandwanderung im Westen Lettlands** – ob man am windumtosten Kap Kolka › **S. 96** aussteigt oder in Ventspils › **S. 97:** Bis zum Horizont geht es weiter.
- Riesige Findlinge, stille Buchten: **Umrundung der Halbinsel Käsmu** › **S. 35, 130** im estnischen Lahemaa-Nationalpark (14 km; Info im Besucherzentrum in Palmse).
- **Võsu-Oandu-Weg** im Lahemaa-Nationalpark › **S. 35, 129:** entlang eines Biberflusses durch uralten, sich selbst überlassenen Wald (10 km; Info im Besucherzentrum in Palmse).

***Kurische Nehrung

4

Die berühmte Landzunge erstreckt sich über 98 km vor der Küste. An ihrer schmalsten Stelle ist sie 380 m breit, an der weitesten 2,8 km – das Rauschen der Ostsee ist fast überall zu hören. Ganz leicht verliert man hier das Zeitgefühl: Der Gegend mit Kiefernwäldchen, Dünen und schmucken Fischerdörfern haftet etwas Weltentrücktes an.

Achtung: Die Nehrung ist seit 1991 Naturschutzgebiet; Autotouristen müssen eine Gebühr von 20 Lt (ca. 6 €) entrichten. Das Parken ist nur auf dafür vorgesehenen Parkplätzen erlaubt.

Smiltynė 15 und Juodkrantė 16

Smiltynė (Sandkrug) besitzt neben schönen Stränden ein Meeresmuseum mit Aquarium und Delfinarium (Juni–Aug. Di–So 10.30–17.30 Uhr, sonst kürzer). Weiter fährt man durch lichten Kiefernwald nach **Juodkrantė**. Ein Rundweg führt von hier auf den nahen ***Hexenberg** (Raganu), entlang an bis zu 5 m hohen Holzschnitzfiguren, die litauischen Märchen entsprungen sind. Den Weg nach Pervalka begleiten große Wanderdünen. Erst-! klassig

**Nida 17

In Nida, dem schönsten Ort auf der Halbinsel, endet der litauische Teil der Nehrung. Seine außergewöhnliche Natur zog von jeher Künstler an, darunter Maler der expressionistischen Brücke. Berühmte Werke von Ernst Ludwig Kirchner, Karl Schmidt-Rottluff und Max Pechstein entstanden hier. Als Künstlertreff etablierte sich der traditionsreiche **Gasthof Blode,** wo auch Thomas Mann bei seinem ersten Besuch in Nida abstieg. Das Haus gehört heute zum Hotel Nidos Smiltė, man kann sich aber eine kleine Ausstellung ansehen (Skruzdynės 2, Mai–Okt. tgl. 9–19 Uhr).

Das reetgedeckte **Thomas-Mann-Haus** ließ der Schriftsteller 1930 auf dem »Schwiegermutterberg« erbauen, einem kleinen Hügel unweit der Kirche. Er war begeistert von der schönen Aussicht. Heute ist das Haus ein Gedenkmuseum für den Nobelpreisträger (Skruzdynės 17, Mitte Mai–Mitte Sept. tgl. 10–18, übrige Zeit nur Di–Sa 10–17 Uhr, www.mann.lt). Den Zauber, den die Nehrung auf die Künstler ausübte, lassen Katia Manns »Ungeschriebene Memoiren« und Thomas Manns »Tagebücher« nachvollziehen (Fischer Verlag).

Das Zentrum von Nida prägen alte Fischerhäuser, deren Fassaden im typischen Kurisch-Blau erstrahlen. Im hübschen Hafen liegen Kähne mit geschnitzten Wimpeln.

**Große Düne

Von einzigartiger Schönheit ist die Große Düne, die mit 60 m zu den höchsten Europas zählt. Schneeweiße Sandberge fallen steil zum Wasser hin ab; vom Gipfel hat man einen wundervollen Blick auf Haff und Ostsee. Im Süden Nidas beginnt am Strand eine Holztreppe, die über 159 Stufen auf die Düne führt. Weniger beschwerlich ist der Weg durch die Naglių gatvė und das anschließende Kiefernwäldchen am Urbo-kalnas-Hügel. Zum Schutz der Düne darf man die befestigten Wege nicht verlassen.

Dünenwüste auf der Nehrung

Die besten Bademöglichkeiten bietet die Ostseeküste, die man auf einem Fußpfad durch den Wald in einer Viertelstunde erreicht. Die Blaue Flagge signalisiert gute Wasserqualität.

Info

Touristeninformation Nida

- Taikos 4 | 93121 Neringa
- Tel. 4695 2345
- www.visitneringa.com

Hotels

Die wenigen großen Hotels sind meist unschöne Kästen aus der Sowjetzeit; netter sind Privatunterkünfte. Ein Verzeichnis erhält man bei der Touristeninformation. Im Juli und August unbedingt vorausbuchen!

Miško namas ●●
Schöne, den alten Fischerkaten nachempfundene Holzvilla mit Garten.
- Pamario 11 | 93124 Neringa
- Tel. 4695 2290
- www.miskonamas.com

Nidos Smiltė ●●
Der einstige Künstlertreff bietet einen tollen Blick aufs Haff und ist heute in mehrere Pensionen aufgeteilt.
- Skruzdynės 2 | 93123 Neringa
- Tel. 4695 2221
- www.smilte.lt

Restaurants

Nidos Seklyčia ●●●
Litauische und internationale Küche bei schönem Blick auf Dünen und Haff.
- Lotmiškio 1
- Tel. 4695 0000
- www.neringaonline.lt

Sena sodyba ●●
Hübsches Gartenlokal mit frischen Fischspezialitäten wie Aalschaschlik; gutes Preis-Leistungs-Verhältnis und freundlicher Service. Nur während der Saison geöffnet.
- Naglių 6
- Tel. 6521 2345
- www.senasodyba.lt

Memeldelta

Die stille Natur rund um das weit verzweigte Memeldelta prägt vor allem das Zusammenspiel von Land und Wasser. Kleine Fischerorte säumen die Haffküste, in die sanften Hügel des Hinterlandes liegen verträumte Dörfchen eingebettet.

Die Memelregion ist in den Sommermonaten ein lohnendes Ziel für Wanderer (Karten bei der Touristeninformation in Šilutė). Als Ausgangsbasis für Exkursionen empfiehlt sich das Städtchen **Šilutė** 18 (Heydekrug), das in einer wunderschönen Heide- und Moorlandschaft liegt. Der Zauber der Gegend teilt sich auch in **Minija** 19 mit, einem noch recht ursprünglichen Fischerdorf am Ufer des gleichnamigen Flusses. In **Ventė** 20 steht ein alter Leuchtturm, der einen schönen Blick auf die Nehrung bietet. In einer ornithologischen Station werden Vögel beringt; dazu gehört eine kleine Ausstellung (Führung nach Anmeldung, Tel. 4416 8516).

Erst-! klassig

Info

Touristeninformation Šilutė
Vermittlung von Privatunterkünften.
- Lietuvininkų 10, Parko 2 | 99133 Šilutė
- Tel. 4417 7795
- www.siluteinfo.lt

Hotels

Kintai ●●
Freundliches Hotel mit Bootsverleih, Angel- und Jagdausflüge.
- Kintai (Bezirk Šilutė)
- Tel. 4416 9510
- www.kintai.lt

Deims ●
Zentral gelegen; kürzlich renovierte Zimmer. Restaurant, Bar, Vermittlung von Bootsausflügen.
- Lietuvininkų 70 | 99172 Šilutė
- Tel. 4415 2345
- www.deims.lt

Juwel baltischer Backsteingotik: das Schwarzhäupterhaus in Rīga

Rīga

Das Beste!

- Leute beobachten in einem der gemütlichen Straßencafés auf dem Dom- oder Rathausplatz › S. 82
- Die renommierte Oper besuchen – auf dem Leuchtband über der Bühne laufen englische Untertitel mit › S. 84
- Einen Architekturspaziergang durch die Albert- und Elisabethstraße unternehmen – zu den schönsten von Rīgas 800 Jugendstilbauten › S. 85

› Karte S. 80

Das urbane Zentrum des Baltikums vereint in sich Großstadtflair und historischen Charme. Steinerne Zeugen aus der Hansezeit faszinieren ebenso wie einzigartige Jugendstilensembles.

Rīga besitzt, was eine Großstadt ausmacht: Weltläufigkeit, urbanes Flair, lebhafte Straßen und Plätze – und jede Menge Cafés. Seit der Unabhängigkeit boomt in Rīga die Wirtschaft: Neue Geschäfte sprießen wie Pilze aus dem Boden, und an jeder Ecke haben Straßenhändler ihre Stände aufgestellt. Dass das Handeln den Rīgaern schon immer im Blut lag, bezeugen auch die Jugendstilhäuser, die reiche Kaufleute errichten ließen. Ihrer Baufreude in der Ära des Art nouveau ist es zu verdanken, dass Rīgas Zentrum heute zum UNESCO-Weltkulturerbe zählt. Rigas Geschichte reicht aber noch viel weiter zurück. Von der glanzvollen Vergangenheit der über 800 Jahre alten Hansestadt zeugt die gut erhaltene Altstadt mit Gildehäusern, Ordensschloss, Dom und Petrikirche.

Ein weiterer Publikumsmagnet liegt vor den Toren Rīgas an einem See: Mit über 100 historischen Bauten dokumentiert das Ethnografische Freilichtmuseum die bäuerliche Kultur Lettlands.

Rīga bietet aber nicht nur sehenswerte Architektur, sondern auch ein lebendiges Kulturleben. 30 Museen, 26 Hochschulen sowie 12 Theater und Opernhäuser tragen zur hohen Lebensqualität der baltischen Metropole bei.

Feuerwerk der Formen: Jugendstilgebäude in der Elizabetes iela

Touren in Rīga

Tour 10 Rīgas Altstadt

Tour-Übersicht:

Verlauf: **Petrikirche › Rathausplatz › Große und Kleine Gilde › Pulverturm › Jakobikirche › Drei Brüder › Schloss › Domplatz**

Dauer: etwa 3 Std.

Praktische Hinweise:

- Beim Pflastertreten machen sich bequeme Schuhe bezahlt.

Tour-Start:

Nachdem man sich vom Turm der ***Petrikirche** › S. 82 einen ersten Überblick über die Altstadt verschafft hat, schlendert man zum **Rathausplatz** › S. 82, der von der schmucken Backsteinfassade des ***Schwarzhäupterhauses** › S. 82 dominiert wird. Über die Kalķu iela gelangt man zur Meistaru iela mit ihren bunten Handwerkerhäusern. Hier liegen die ***Große und Kleine Gilde** › S. 82 und das originelle **Katzenhaus** › S. 83. Das Ende der Straße markiert der massige Rundbau des mittelalterlichen **Pulverturms** › S. 83. Über die Smilšu und die Aldaru iela schlendert man nun zum spätgotischen Backsteinbau der **Jakobikirche** › S. 83, von hier ist es nicht weit zum schönen Gebäudeensemble der **Drei Brüder** › S. 84. Über die Maza Pils iela erreicht man das **Schloss** › S. 84, das heute als Präsidentensitz fungiert. Letzte Station des Rundgangs ist der ***Domplatz** mit dem größten Gotteshaus des Baltikums › S. 84. Viele Kneipen und Cafés haben Tische im Freien aufgestellt und laden zum Verweilen ein.

Tour 11 Glanzlichter des Jugendstils

Tour-Übersicht:

Verlauf: **Kunstakademie › Kronvaldpark › Strēlnieku iela › Alberta iela › Elizabetes iela**

Länge: Etwa 2 Std. Die Distanzen sind nicht groß, doch man kommt langsam voran, weil man ständig nach oben schaut.

Praktische Hinweise:

- Die meisten der Jugendstilgebäude sind nur von außen zu besichtigen.

Tour-Start:

Der Rundgang startet an der Esplanāde. An ihrem südlichen Ende liegt die **Lettische Kunstakademie** › S. 85. Das Gebäude wurde zu Beginn des 20. Jh. erbaut; die schöne Fassade kombiniert Elemente des Historismus und des Jugendstils. Am hübschen Kronvaldpark entlang flaniert man nun zur *****Strēlnieku iela** › S. 86 und befindet sich in einem Viertel, wo die Blumen aus den Fassaden zu wachsen scheinen. Die rechte Straßenseite säumen besonders schöne Jugendstilbauten – Architekt des Hauses Nr. 4 war Michael Eisenstein

Touren in Rīga

Tour 10
Rīgas Altstadt

Tour 11
Glanzlichter des Jugendstils

Tour 12
Das jüdische Rīga

1. Okkupationsmuseum
2. Schwarzhäupterhaus
3. Petrikirche
4. Konventa Sēta
5. Große und Kleine Gilde
6. Pulverturm
7. Schwedentor
8. Jakobikirche
9. Drei Brüder
10. Schloss (Rīgas pils)
11. Dom
12. Opernhaus
13. Freiheitsdenkmal
14. Nationales Kunstmuseum
15. Jüdisches Zentrum
16. Elizabetes iela
17. Strēlnieķu iela
18. Alberta iela
19. Ethnografisches Freilicht-museum

› S. 38, 85. Nachdem man die Strēlnieku iela bis zur Kreuzung Dzirnavu iela abgeschritten hat, wendet man sich zurück und biegt in die ***Alberta iela › S. 86 ein. Gleich an der Ecke (Nr. 12) steht ein Haus, dessen Treppenhaus man häufig auf Fotos sieht. Es ist tatsächlich wunderschön. Wenn die Tür verschlossen ist, sollte man davon absehen, zu schellen. Die Alberta iela glänzt mit weiteren prachtvollen Jugendstilbauten, darunter ein Ensemble aus fünf Eisenstein-Häusern: die Nummern 2, 2a, 4, 6 und 8. Wenn man am Ende der Straße rechts abbiegt, trifft man auf die ***Elizabetes iela › S. 85. Auch hier hat sich Eisenstein mit den Häusern Nr. 10 b und 33 verewigt. Die berühmtesten Jugendstilbauten hat man nun gesehen, doch wenn man weiter durch die Neustadt bummelt, wird man noch manch weiteres Juwel entdecken.

Tour 12 Das jüdische Rīga

Tour-Übersicht:

Verlauf: **Moskauer Vorstadt › Synagoge Greise Hor Shul › Synagoge Peitav Shul › Jüdisches Zentrum › Holocaust-Gedenkstätte**

Dauer: etwa 5 Std.

Praktische Hinweise:

- Die ersten drei Stationen der Tour sind zu Fuß erreichbar, die Gedenkstätte per Trolleybus 14 (ab Brīvības iela) oder Taxi.

Tour-Start:

Die jüdische Gemeinde spielte für Rīgas Stadtleben ein wichtige Rolle, bis die Nazis sie auslöschten. Dieser Rundgang erhellt eines der finstersten Kapitel der jüngeren Geschichte. Erstes Ziel ist die **Moskauer Vorstadt** südlich des Hauptbahnhofs. Im 19. Jh. war sie das wichtigste jüdische Wohnviertel, von 1941 bis 1943 befand sich hier das Getto. An der Ecke Gogoļa/Dzirnavu stehen die Ruinen der **Synagoge Greise Hor Shul.** Ein Gedenkstein erinnert daran, dass die Nazis hier am 4. Juli 1941 über 100 lettische und litauische Juden einpferchten, bevor sie die Synagoge in Brand setzten. Über die Gogoļas iela begibt man sich am Zentralmarkt vorbei in die Altstadt zur **Synagoge Peitav Shul** (Peitavas 6/8, Tel. 6721 4507). 1905 errichtet, überstand sie als einziges jüdisches Gotteshaus in Rīga den Holocaust und ist heute geistiges Zentrum für 12 000 Gemeindemitglieder. Durch die Altstadt spaziert man nun zur Esplanāde, auf deren Nordseite die Skolas iela ihren Anfang nimmt. Haus Nr. 6 beheimatet das **Jüdische Zentrum** › S. 85. Das kleine Museum stellt das jüdische Leben in Lettland vom 18. Jh. bis in die Gegenwart dar. Wer mag, kann nun von der nahen Brīvības iela den Trolleybus (Haltestelle Bikernieku mezs) oder ein Taxi zur **Holocaust-Gedenkstätte** im Wald von Bikernieki nehmen. Aus der Erde ragende Steine stehen symbolisch für Zehntausende von Juden, die hier von den Nazis erschossen und in Massengräbern verscharrt wurden.

Unterwegs in Rīga

Altstadt

Rathausplatz

Am Rathausplatz dokumentiert das ****Okkupationsmuseum** 1, ein hässlicher schwarzer Kasten, die Zeit der deutschen und sowjetischen Besetzung sowie den Widerstand. Die Ausstellung ist zwar textlastig (auch in deutscher Sprache), umfasst aber auch anschauliche und anrührende Exponate wie Postkarten von Deportierten aus Sibirien oder die feinen Kissenbezüge, die eine Lagerinsassin aus Verbandsmull häkelte. Wegen Umbauarbeiten ist die Ausstellung derzeit im Gebäude der Amerikanischen Botschaft beim Freiheitsdenkmal untergebracht (Mai–Sept. tgl. 11–18, Okt.–April nur Di–So 11–17 Uhr, http://okupacijasmuzejs.lv).

Heiterer wirkt das farbenfrohe ***Schwarzhäupterhaus** 2 (Melngalvju nams), in dem sich die Zunft unverheirateter Kaufleute traf. Seine prächtige Renaissancefassade wurde im Zweiten Weltkrieg zerstört, zum 800-jährigen Stadtjubiläum 2001 jedoch in ihrer ganzen Pracht rekonstruiert. Davor wacht eine Nachbildung der historischen Rolandsfigur.

*Petrikirche 3

Der Original-Roland ist in der nahe gelegenen Petrikirche zu sehen, Rīgas schönstem, wenn auch zweckentfremdetem Gotteshaus. 1209 erstmals erwähnt, wurde es im Lauf der Geschichte mehrmals zerstört und wieder aufgebaut. Die schwersten Schäden erlitt es im Zweiten Weltkrieg, dem auch das kostbare Interieur der Kirche zum Opfer fiel. Heute dient der schmucklose Innenraum als Ausstellungsort für zeitgenössische Kunst. Der barocke Turm, der das Stadtbild dominiert, besteht aus Metall und wurde erst 1973 fertig gestellt. In 72 m Höhe besitzt er eine Aussichtsplattform, von der sich ein herrlicher Blick auf Altstadt, Ostsee und Daugava bietet (Di–So 10–18 Uhr). **Erst-! klassig**

Konventa Sēta 4

Zu einem Einkaufsbummel in historischem Ambiente lädt das Konventa Sēta ein: Das mittelalterliche Witwenstift wurde liebevoll restauriert und ist nun ein idyllisches Labyrinth kleiner Innenhöfe mit Cafés, Restaurants, Geschäften und einem Hotel (zwischen Skārņu und Kalēju iela).

*Große und Kleine Gilde 5

Die Große und die Kleine Gilde (Lielā und Mazā gilde) bildeten früher Gegenpole wirtschaftlicher Macht: In der Großen Gilde trafen sich bis ins 19. Jh. deutsche Kaufleute; in der Kleinen Gilde war die Rīgaer Handwerkerzunft zu Hause. Ihr heutiges Aussehen erhielten beide Häuser im 19. Jh. Die Große Gilde ist die Spielstätte der Philharmoniker; die Kleine Gilde wird für Konferenzen und Kulturveranstal-

Rathausplatz mit Petrikirche und Schwarzhäupterhaus

tungen genutzt. Besonders schön sind ihre wappenverzierten Fenster.

Dass Wohlstand und Exklusivität der Hanse auch Missgunst erzeugten, beweist das originelle **Katzenhaus** (Kaķu nams) schräg gegenüber: Es wurde von einem reichen Kaufmann erbaut, den die Große Gilde abgewiesen hatte. Aus Wut ließ er zwei Katzenfiguren aufs Dach setzen, die dem Gildehaus ihr Hinterteil zuwandten. Ein Affront, der seine Wirkung nicht verfehlte: Nach langen Diskussionen wurde der streitbare Kaufmann schließlich doch noch in die Gilde aufgenommen – unter der Bedingung, dass er die Katzen umdrehte.

Pulverturm 6

Bei dem backsteinernen Pulverturm (Kara muzejs) mit seinen 3 m dicken Mauern handelt es sich um den einzigen erhaltenen Festungsturm der Stadt – ursprünglich waren es nicht weniger als 28. Der massige Rundbau beherbergt heute passenderweise Teil des Kriegsmuseums (Smilšu iela 20, tgl. 10–18 Uhr, www.karamuzejs.gov.lv).

Schwedentor 7

An der Ecke Torņa/Aldaru iela sieht man einen kleinen Rest der alten Stadtmauer. Als einziges Stadttor blieb das Schwedentor (Zviedru vārti) erhalten, das 1698 während der schwedischen Herrschaft durch ein mittelalterliches Wohnhaus gebrochen wurde.

Jakobikirche 8

Die Jakobikirche stammt aus dem 13. Jh. und besitzt den einzigen erhaltenen gotischen Kirchturm Rīgas. 1522 feierte man hier den ersten reformierten Gottesdienst in Lettland; 60 Jahre später wurde die Kirche wieder katholisch und ist heute Sitz des Erzbischofs.

Drei Brüder 9

Wenige Schritte von der Jakobikirche entfernt stehen die Drei Brüder (Trīs brāļi) – das Ensemble erhielt seinen Namen analog zu den »Drei Schwestern« in Tallinn, die ein Kaufmann für seine Töchter errichtet haben soll › S. 112. Die Rīgaer Häuser können allerdings nicht das Geschenk eines Vaters an seine Söhne gewesen sein: Sie entstanden zu unterschiedlichen Zeiten im 15., 17. und 18. Jh.

Schloss 10 (Rīgas pils)

Am Ufer der Daugava erhebt sich das Schloss, das 1330 als Ordensburg erbaut wurde. Bei erbitterten Kämpfen zwischen Ordensrittern und Bürgern wurde es mehrmals zerstört und wieder aufgebaut. Nach dem Zerfall des Ordensstaates diente es als Residenz schwedischer und russischer Gouverneure; heute ist es Präsidentensitz. Seine Räume beherbergen zwei Museen: Das **Historische Museum** dokumentiert die Geschichte Lettlands von der Steinzeit bis zum 19. Jh. (wegen Brandschäden vorübergehend geschl., www.history-museum.lv). Das **Museum für Literatur und Musik** stellt historische Instrumente aus und besitzt den brieflichen Nachlass des lettischen Dichterehepaars Rainis und Aspazija (Di und Fr, Sa 11–18, Mi, Do 13–20 Uhr, www.rmm.lv).

*Dom 11

Der Dom St. Marien ist die größte Kirche des Baltikums. Das protestantische Gotteshaus misst 187 × 43 m und bietet 5000 Gläubigen Platz. Die Orgel hat 6768 Pfeifen und war zur Zeit ihrer Fertigstellung 1884 die größte der Welt. 1211 legte Bischof Albert den Grundstein für die Hallenkirche. Ihr heutiges Aussehen und den 90 m hohen Turm erhielt sie bei der Rekonstruktion im Jahr 1776, der ein schwerer Brand vorausging. Das Innere birgt wertvolle Kunstschätze: Besonders sehenswert sind das **Epitaph der Kleinen Gilde** (1604–11), die barocke **Kanzel** (1641) und das geschnitzte **Chorgestühl** der Schwarzhäupter aus dem 17. Jh. (Mai–Sept. tgl. 9–18, Mi, Fr 9–17 Uhr, Konzerte Mi und Fr 19 Uhr, im Winter nur Fr, weitere Termine unter www.doms.lv).

Dem Dom schräg gegenüber liegt die ehemalige Börse, in der 2011 das **Kunstmuseum Rīgaer Börse** eröffnet wurde. Es zeigt westeuropäische Malerei, asiatische Kunst und eine Porzellansammlung (Di–So 10–18, Fr 10–20 Uhr, http://rigasbirza.lv).

Neustadt

Bastejkalns-Park

Der breite Grünstreifen des Parks trennt Alt- und Neustadt voneinander. Das Zentrum der Anlage bildet der Bastionshügel, der aus dem Schutt der abgetragenen Verteidigungswälle besteht. Ihren Südteil dominiert das 1863 errichtete **Opernhaus** 12, eines der schönsten des Baltikums. Es ist nicht nur für hochkarätige Gastspiele bekannt, auch die Eigenproduktionen finden international Beachtung › Special S. 40. Im alten Ballettsaal ist heute eine stimmungsvolle Bar untergebracht.

Erst-klassig

Nur einige Schritte entfernt steht auf dem Platz beim Freiheitsdenkmal der **Laima-Uhrturm,** Rīgas beliebtester Treffpunkt. Die Sozialdemokraten ließen ihn 1924 errichten, damit die Arbeiter rechtzeitig zur Arbeit kommen konnten.

Freiheitsboulevard

Der Bastejkalns-Park wird von Rīgas breit angelegter Hauptachse durchschnitten. Auf ihr erhebt sich unübersehbar das 42 m hohe, von Soldaten bewachte ***Freiheitsdenkmal** 13. Das Werk von Kārlis Zāle wurde am 18. November 1935, dem Unabhängigkeitstag, enthüllt. Bekrönt wird es von der Bronzefigur der Freiheit, die drei goldene Sterne gen Himmel streckt: Symbole der historischen Provinzen Kurzeme, Latgale und Vidzeme. Für die Unabhängigkeitsbewegung hatte das Monument große Symbolkraft; in den 1980er-Jahren fanden hier Kundgebungen gegen das Sowjetregime statt (Wachablösung 9–18 Uhr jeweils zur vollen Stunde).

Esplanade-Park

Gleich im Anschluss lädt der schattige Esplanāde-Park zu einer kurzen Ruhepause ein. Auf seinem Gelände stehen die **Kunstakademie** und das **Nationale Kunstmuseum** 14 (Nacionālais mākslas muzejs), eines der besten Kunstmuseen des Baltikums. Im Treppenhaus illustrieren Wandgemälde Lettlands Geschichte; in den Galerien sind Werke lettischer und russischer Künstler ausgestellt. (wegen Umbauarbeiten voraussichtlich bis Mitte 2015 geschl.).

Laima-Uhrturm und Freiheitsdenkmal am Freiheitsboulevard

Jüdisches Zentrum 15

Das hervorragende kleine Museum im jüdischen Gemeindezentrum dokumentiert die Geschichte der Juden in Lettland vom 18. Jh. bis 1945 und informiert auch über das neue jüdische Leben seit der Unabhängigkeit (Skolas iela 6, 3. Etage, So–Do 12–17 Uhr, Tel. 6728 3484).

***Jugendstilviertel

Rīgas Zentrum besteht zu einem Drittel aus Jugendstilbauten. Besonders schöne Exemplare säumen die **Elizabetes iela** 16: Die Häuser Nr. 33 und 10 b stammen von Michael Eisenstein (1867–1921), dem schöpferischsten lettischen Jugendstilarchitekten. Er kombinierte Art-Nouveau-Motive mit solchen aus

Rīgas Jugendstilbauten begeistern mit ihrem Reichtum an Ornamenten

anderen Kulturepochen, v. a. aus der Antike. In der **Strēlnieku iela** 17 spiegelt Haus Nr. 4 a den unerschöpflichen Ideenreichtum des Architekten wider. Seine größte Pracht entfaltet der Jugendstil in der **Alberta iela** 18, in der man u. a. ein Ensemble aus fünf Eisenstein-Häusern (Nr. 2, 2 a, 4, 6, 8) bewundern kann. Riesige Frauenköpfe und Löwenhäupter blicken auf die Passanten herab; die Eingänge werden von Sphingen bewacht. Im Haus Nr. 12 lebte bis 1907 Konstantīns Pēkšēns (1859–1928), ein weiterer bedeutender Art-Nouveau-Architekt. Seine Wohnung beherbergt heute das **Rīgaer Jugendstilmuseum** (Di–So 10–18 Uhr, www.jugendstils.riga.lv). Im obersten Stockwerk lebten der Maler Jānis Rozentāls › **S. 39** und der Schriftsteller Rūdolfs Blaumanis; auch in ihrer Wohnung zeigt ein kleines Museum Interieur des Jugendstils (Mi–So 11–18 Uhr, www.memorialiemuzeji.lv).

Erst-! klassig

Außerhalb des Zentrums

*Ethnografisches Freilichtmuseum 19

Wie man vor 100 Jahren in Lettland lebte, zeigt das etwa 10 km östlich des Zentrums gelegene Ethnografische Freilichtmuseum am Juglas-See. Über 100 historische Gebäude aus ganz Lettland wurden hier zusammengetragen, darunter Windmühlen, Holzkirchen, Bauernhäuser und ganze Fischerdörfer. Viele der Gebäude sind auch von innen zu besichtigen. Traditionelle Werkstätten wie z. B. eine Dorfschmiede und eine Töpferei erwachen im Sommer zu neuem Leben; alljährlich am ersten Juniwochenende findet ein großer Handwerksmarkt statt (tgl. 10–17 Uhr, www.brivdabas muzejs.lv; erreichbar mit dem Auto über die Brīvības iela oder mit Bus 1 ab Ecke Merķeļa/Tērbatas iela).

Info

Rīga Informationsbüro

- Rātslaukums 6
- Tel. 6703 7900
- www.liveriga.com
- Tgl. 9–19 Uhr
- Die **Rīga Card** gewährt freie Fahrt im Nahverkehr sowie freien oder ermäßigten Eintritt bei Museen und Sehenswürdigkeiten. Auch eine englischsprachige Stadtrundfahrt ist inbegriffen. Die Karte kostet 12 Ls für 24 Std., 14 Ls für 48 Std. und 18 Ls für 72 Std., Details unter http://rigacard.lv.

Verkehrsmittel

- **Flughafen:** Der Flughafen (www.riga-airport.com) liegt 14 km südwestlich von Rīga. Die Altstadt erreicht man per Taxi (ca. 10 Ls) oder mit den Buslinien 22 und 22A, die sowohl Zentrum als auch Hauptbahnhof ansteuern.
- **Bahnverbindungen:** Stacijas laukums, tgl. 5–24 Uhr. Nach Vilnius, Moskau, Kiew und in viele Städte Lettlands. Auskunft und Reservierung unter Tel. 6723 1181, www.ldz.lv. Nahverkehrszüge nach Jūrmala.
- **Busbahnhof:** Prāgas 1, 8–23 Uhr. Nationale und internationale Routen, u. a. mit Eurolines nach Deutschland, Moskau, Vilnius und Tallinn (www.eurolines.lv).

Aktivitäten

- An der Vanšu-Brücke gegenüber dem Schloss starten mehrmals täglich Bootsfahrten auf der Daugava mit der »Jūrmala«. Von der Akmens-Brücke legen die »Jelgava«, »Liepāja«, »Vecrīga« und »Misisipi« zu ein- bis zweistündigen Fahrten ab (ab 11 Uhr jeweils zur vollen Stunde).

Hotels

Bergs ●●●

Modernes und stylishes 5-Sterne-Hotel in alten Mauern. Die Liebe zur Tradition prägt hier jedes Detail – bis hin zur Bettwäsche aus handgewebtem lettischen Leinen. Mehrfach preisgekröntes Restaurant.

- Bergs Bazār | Elizabetes 83/85
- 1050 Rīga
- Tel. 6777 0900
- www.hotelbergs.lv 168 €

Gutenbergs ●●●

Komfortable Nobelherberge in einer ehemaligen Druckerei; im Schatten des Domes gelegen. Dachterrasse mit herrlichem Blick auf die Altstadt.

- Doma laukums 1 | 1050 Rīga
- Tel. 6781 4090
- www.gutenbergs.eu

Grand Palace Hotel ●●●

Luxushotel im Herzen der Altstadt; das verspielte Mobiliar verbreitet aristokratisches Flair.

SEITENBLICK

Ausflüge ab Rīga

Nur 25 km von der Hauptstadt entfernt lockt das Meer: Das schöne Seebad **Jūrmala** › S. 95 mit feinkörnigem Sandstrand und endlosen Kiefernwäldern ist seit jeher Spielplatz, Erholungsort und Flaniermeile für die Hauptstädter. Etwas landeinwärts liegt der alte Kurort **Ķemeri** › S. 96 mit schwefelhaltigen Quellen und alten Holzvillen; durch die eindrucksvolle Moorlandschaft des **Ķemeri-Nationalparks** › S. 96 führt ein 3 km langer Holzbohlenweg.

› Karte S. 80

Gastfreundliches Rīga

- Pils 12 | 1050 Rīga
- Tel. 6704 4000
- www.grandpalaceriga.com

Laine ●●●

Kleines Hotel in aufwendig restauriertem Jugendstilgebäude; 10 Gehminuten von der Altstadt entfernt.

- Skolas 11 | 1010 Rīga
- Tel. 6728 8816
- www.laine.lv

Konventa Sēta ●●–●●●

Behagliches Hotel im historischen Gebäudekomplex eines früheren Witwenkonvents.

- Kalēju 9–11 | 1050 Rīga
- Tel. 6708 7507
- www.konventa.lv

Valdemārs ●●–●●●

Umfassend renoviertes, modern gestyltes Haus in schönem Jugendstilgebäude, zentrumsnah an der Ecke zur Elisabeth-Straße. Zimmer mit Parkettböden.

- Valdemāra 23 | 1010 Rīga
- Tel. 6733 4462
- www.valdemars.lv

Restaurants

Dome ●●●

Exklusive Adresse für Liebhaber von Fisch und Seafood.

- Miesnieku 4
- Tel. 6750 9010
- www.domehotel.lv

Vincents ●●●

Erst-! klassig

Küchenchef Mārtiņš Rītiņš begeistert mit kreativer Kochkunst (Staats-)Gäste aus aller Welt.

- Elizabetes 19
- Tel. 6733 2830
- www.restorans.lv

Aragats ●●

Vorzügliche, fein gewürzte Küche aus Georgien.

- Miera 14
- Tel. 6737 3445

Lido Atpūtas Centrs ●●
Lettische Küche vom Buffet, hausgebrautes Bier. Abends Livemusik.
- Krasta 76
- Tel. 6750 4420
- www.lido.lv

Salve ●●
Kitschiges Dekor, aber gute neue lettische Küche.
- Rātslaukums 5
- Tel. 6704 4317
- www.salve.lv

Kaffeehäuser

Kanēļa Konditoreja
Ein Ambiente aus den 1930er-Jahren und wunderbare Torten.
- Dzirnavu 84 (Berga Bazārs),
- Tel. 6721 7170

Passarella Café
Klassisches Kaffeehaus in einem wunderschönen Jugendstilhaus.
- Kalēju 23
- Tel. 6721 4137

Double Coffee
Moderne Kaffeebar mit leckeren Snacks und umwerfender heißer Schokolade.
- Grēcinieku 11
- Tel. 6722 3163

Monte Kristo Kafija
Frische Kuchen und Torten sowie große Teeauswahl.
- Elizabetes 10
- Tel. 6728 3271

Shopping

***Zentralmarkt** (Centrāltirgus)
Die großen Markthallen waren einst Hangars für Zeppeline. Heute werden innen Lebensmittel, außen Kleidung, Haushaltsgeräte und Tonträger verkauft.
- Prāgas 1
- www.rct.lv
- Tgl. 8–17 Uhr

Berga Bazars
Schicke Boutiquen in einem denkmalgeschützten Gebäudekomplex.
- Elizabetes 83/85
- www.bergabazars.lv

Senā Klēts
Wunderschöne Trachten aus sämtlichen Regionen Lettlands.
- Rātslaukums 1
- www.senaklets.lv

Tīne
Hochwertiges lettisches Kunsthandwerk.
- Vaļņu 2

Galerie Tornis
Nach baltischen Vorbildern aus dem Mittelalter gestaltete Schmuckstücke.
- Grēcinieku 11–2
- www.balturotas.lv

Nightlife

Skyline Bar
Cocktails mit Blick auf die Altstadt im 26. Stock des Radisson Blu Hotel Latvija.
- Elizabetes 55
- Tel. 6777 2282
- www.skylinebar.lv
- Mo–Do und So 16–2, Fr, Sa 15–3 Uhr

Bites Blūzs Klubs
Livebands aus aller Welt.
- Dzirnavu 34 a
- Tel. 6733 3123
- www.bluesclub.lv
- Mo–Do 11–24, Fr 11–1, Sa 14–1 Uhr

Lettland

Das Beste!

- Endlose Strandspaziergänge unternehmen – etwa bei Liepāja oder Jūrkalne › S. 98, 132
- Von der Venta-Brücke in Kuldīga über die breiteste Stromschnelle Europas blicken › S. 99
- Barocke Prachtentfaltung bewundern – im Goldenen Saal von Schloss Rundāle › S. 101
- Bei einer Paddeltour die herrliche Flusslandschaft des Gauja-Nationalparks hautnah erleben › S. 104

Zu den verschiedenen Gesichtern Lettlands gehören einsame Sandstrände und verträumte Fischerdörfer ebenso wie das wildromantische Flusstal der Gauja. Das Kulturerbe umfasst mittelalterliche Ordensburgen und prachtvolle Barockresidenzen.

Zu den unterschiedlichen Gesichtern Lettlands gehören traditionsreiche und lebhafte Kurorte ebenso wie das unberührte Kap Kolka, wo sich Ostsee und die Bucht von Rīga treffen. Verträumte Fischerdörfer und einsame Strände säumen die 500 km lange Küste; Schutzgebiete wie Ķemeri- und Slītere-Nationalpark bieten Gelegenheit zu Wanderungen und Bootstouren in unverfälschter Natur. Naturfreunde kommen außerdem im Gauja-Nationalpark auf ihre Kosten: Keine andere Landschaft Lettlands reicht an die Schönheit dieses Urstromtals heran. Auf dem Land erlebt man eine zeitlose Idylle: Inmitten der sanften Hügel der Kurischen Schweiz liegen malerische Städtchen und alte Burgen; besonders reizvoll sind Kuldīga und Talsi mit ihrer gut erhaltenen historischen Holzarchitektur. Im Herzen Lettlands sind viele alte Schlösser und Herrensitze zu entdecken, die liebevoll restauriert wurden. Ganz in der Nähe von Rīga locken die herzoglichen Residenzen Jelgava und Rundāle, beide großartige Leistungen des Spätbarock. Bauska, Sigulda und Cēsis beeindrucken mit den imposanten Überresten mittelalterlicher Ordensburgen.

Touren in Lettland

Tour 13 Die Höhepunkte Lettlands

Tour-Übersicht:

Verlauf: **Rīga › Gauja-Nationalpark › Sigulda › Cēsis › Rundāle › Jelgava › Kuldīga › Liepāja › Rīga**

Distanzen: 764 km; 8 Tage

Praktische Hinweise:

- Diese Tour lässt sich am besten mit dem Pkw durchführen, ist aber auch mit Überlandbussen machbar.

Tour-Start:

Zwei Übernachtungen sollte man zunächst in ***__Rīga__ › S. 77 einplanen, um ausreichend Zeit für die Altstadt mit ihren herrlichen Bauten im Stil der Backsteingotik und die Jugendstil-Ensembles in der Neustadt zu haben. Anschließend geht es durch den **__Gauja-Nationalpark__ › S. 105 über das reizvoll gelegene **Sigulda** › S. 103 in die alte Hansestadt **__Cēsis__ › S. 104, wo die eindrucksvollen Überreste einer

Versailles des Baltikums: Schloss Rundāle

Touren in Lettland

Tour 13 **Die Höhepunkte Lettlands** **Rīga › Gauja-Nationalpark › Sigulda › Cēsis › Rundāle › Jelgava › Kuldīga › Liepāja › Rīga**

Tour 14 Burgen und Schlösser Rīga › Jelgava › Rundāle › Bauska › Sigulda › Cēsis › Gauja-Nationalpark › Rīga

Tour 15 Lettlands weiße Strände Rīga › Jūrmala › Roja › Kap Kolka › Ventspils › Liepāja › Rīga

Ordensburg besichtigt werden können. Anderntags fährt man weiter zum Schloss ****Rundāle** › **S. 101**, der wohl schönsten Barockresidenz des Baltikums. Übernachtet wird in ***Jelgava** › **S. 101**, wo ein weiteres prächtiges Barockschloss Rundāle Konkurrenz macht. Am nächsten Tag geht es durch das abgeschiedene, sanfthügelige Kurland nach ***Kuldīga** › **S. 99**, einer malerischen Stadt mit schöner Holzarchitektur, die lettische Filmemacher gern als Kulisse verwenden. Im quirligen ***Liepāja** › **S. 98** kann man durch die Altstadt flanieren, die herrlichen Strände genießen oder die Küste ein Stück weit in Richtung Norden erkunden, bevor es zurück in die Hauptstadt geht.

Tour 14 Burgen und Schlösser

Tour-Übersicht:

Verlauf: **Rīga › Jelgava › Rundāle › Bauska › Sigulda › Cēsis › Rīga**

Distanzen: 372 km; 3–4 Tage

Praktische Hinweise:

- Auch bei dieser Tour ist man mit dem Pkw am flexibelsten, zumal es in recht ländliche Gegenden geht.

Tour-Start:

Von Riga aus steuert man zunächst ***Jelgava** › **S. 101** an, das ein prachtvolles Barockschloss besitzt (Übernachtung). Jelgava ist außerdem ein guter Ausgangspunkt für die Besichtigung von ****Schloss Rundāle** › **S. 101** am nächsten Morgen. Auch hier wartet herrschaftliche Pracht im Stil des Barock und Rokoko. Von Rundāle ist es nicht mehr weit nach **Bauska** › **S. 102**, wo sich auf einem Felssporn die eindrucksvolle Ruine einer Ordensburg erhebt. Ein zusätzliches Highlight kann hier die Übernachtung im Schloss(-hotel) Mežotne › **S. 102** sein. Über die E 67, A 7 und A 2 fährt man anderntags weiter nach **Sigulda** › **S. 103**. Hier buhlen gleich drei Burgruinen und zwei Schlösser um die Gunst der Besucher. Die Besichtigung von ****Cēsis** › **S. 104** mit seiner Ordensburg aus dem 13. Jh. und dem Neuen Schloss aus dem 18. Jh. bildet den Schlusspunkt der Tour. Wer hier übernachtet, kann am nächsten Tag vor der Rückfahrt nach Rīga noch eine kleine Wanderung im ****Gauja-Nationalpark** › **S. 105** unternehmen.

Tour 15 Lettlands weiße Strände

Tour-Übersicht:

Verlauf: **Rīga › Jūrmala › Roja › Kap Kolka › Ventspils › Liepāja › Rīga**

Distanzen: 483 km; 3–4 Tage

Praktische Hinweise:

- Von Kap Kolka Richtung Süden fährt man durch den Slītere-Nationalpark, dessen Straßen nicht befestigt bzw. asphaltiert sind.
- Im Juli und August sollte man Unterkünfte vorausbuchen.

Jūrmalas Sandstrände sind ein beliebtes Ausflugsziel der Hauptstädter

Tour-Start:

Auf dieser Tour lernt man die gesamte lettische Küste kennen. Ob lebhaft oder verwunschen – allen Stränden ist feiner weißer Sand zueigen. Erstes Etappenziel ist das trubelige ***Jūrmala** › **S. 95**, Rīgas Hausstrand. Zunehmend menschenleerer wird es, wenn man der Küste weiter bis **Roja** › **S. 96** folgt. Für eine Übernachtung bietet sich das windumtoste **Kap Kolka** › **S. 96** an, wo Ostsee und Rīgaer Golf zuweilen stürmisch aufeinanderprallen. In Richtung Süden wird die Küste steiler und dramatischer. Hübsche Fischerdörfer wie Kosrags säumen die holprige Straße. Zurück in die Zivilisation gelangt man bei ***Ventspils** › **S. 97**, mit dessen Industriehafen ein wunderbarer Sandstrand versöhnt. Die Tour endet so lebhaft, wie sie begonnen hat: in ***Liepāja** › **S. 98**, einer Hafenstadt mit Nachtleben und – natürlich – Strand. Über die A 9 gelangt man zurück nach Rīga.

Unterwegs in Lettland

Kurland / Der Westen

*Jūrmala 1

Das 25 km westlich von Rīga gelegene Jūrmala war wegen des milden Klimas und des flach abfallenden Sandstrands schon im 19. Jh. als Erholungsgebiet beliebt. Holzvillen und schattige Parks mit alten Bäumen sind ein Relikt aus dieser Zeit.

Das Badeleben konzentriert sich auf die Ortsteile **Majori, Dzintari** und **Bulduri.** Durch Majori verläuft die Jomas iela, eine von Cafés und Läden gesäumte Fußgängerzone. Das Stadtmuseum zeigt nette Skurrilitäten wie die größte lettische Sammlung von Badeanzügen (Mi–So 10 bis 17 Uhr). Auf der Freilichtbühne von Dzintari finden im Sommer

Erst-! klassig

› Karte S. 92

Konzerte statt. Bulduri war früher bevorzugtes Ziel des deutschbaltischen Adels; schmucke Villen erinnern noch an jene Glanztage. Trotz der Nähe zu Rīga weht an den Sandstränden die Blaue Flagge für gute Wasserqualität.

Info

Touristeninformation Jūrmala

- Lienes iela 5 | Majori | 2015 Jūrmala
- Tel. 6714 79 00
- www.jurmala.lv

Hotel

Pegasa Pils ●●●

Türmchenbekrönte Jugendstilvilla mit Spa und gutem Restaurant, unweit vom Strand.

- Juras 30 | Majori
- Tel. 6776 1149
- www.hotelpegasapils.lv

Restaurant

36. Line ●●

Feine lettische Küche.

- 36. Līnija
- Tel. 2201 0696
- www.lauris-restaurant.lv

Ķemeri-Nationalpark

Etwa 40 km von Riga entfernt liegt im Hinterland **Ķemeri** 2, ein traditionsreicher Kurort mit hübschen Holzvillen. Dichte Wälder und Lagunenseen, an denen Zugvögel brüten, charakterisieren den umliegenden **Ķemeri-Nationalpark.** Hier kann man an geführten Wanderungen oder Bootstouren teilnehmen. Etwa 3 km südlich von Ķemeri führt ein 3 km langer Bohlenweg ins Moor des Nationalparks.

Info

Informationszentrum Ķemeri-Nationalpark

- Ķemeri | Meža Māja | 2012 Jūrmala
- Tel. 6773 0078
- www.kemeri.gov.lv

Roja 3

Das hübsche Fischerstädtchen in Nordkurland besitzt einen schönen Strand und einen lebendigen Hafen. Ein kleines Museum informiert über die Bedeutung des Fischfangs für die Region (Selgas 33, Di–So 10–18 Uhr). Nördlich von Roja erstreckt sich die malerische Ēvaži-Steilküste, an der ein aussichtsreicher Wanderweg entlangführt.

Erst-! klassig

Info

Touristeninformation Roja

- Selgas 33 | 3264 Roja
- Tel. 6326 9594
- www.roja.lv

Hotel

Roja ●●

Kleines Gästehaus mit Restaurant, Café und Sauna, 200 m vom Meer entfernt.

- Jūras 6 | 3264 Roja
- Tel. 6323 2226
- www.rojahotel.lv

Kap Kolka 4

Am windreichen Kap Kolka treffen Ostsee und Rīgaer Bucht zusammen. Den nördlichsten Punkt Kurlands bewachen die Überreste eines alten Leuchtturms. Entlang der Nordwestküste erstreckt sich der **Slītere-Nationalpark,** der die ursprünglich gebliebene Küstennatur schützt. Markierte Wanderwege erschließen seine reiche Tier- und Pflanzenwelt. In einigen Küstendörfern (u. a. Sīkrags, Kosrags, Pitrags, Saunags und Vaide) leben noch Nachkommen der Liven, eines alten finno-ugrischen Volkes. Über ihre Kultur informiert ein Museum in **Mazirbe.** Hier treffen sich im August auch Liven aus dem ganzen Land zu einem großen Festival.

Info

Nationalparkverwaltung

- Dakterlejas 3 | 3270 Dundaga
- Tel. 6329 1066
- www.slitere.gov.lv

Hotel

Gästehaus Usi ●

Familiäre Herberge mit Zeltplatz, Radverleih, geführten Exkursionen.

- 3275 Kolka | Tel. 6327 6507
- www.kolka.info

*Ventspils 5

Die wichtigste Hafenstadt (42 000 Einw.) des Landes liegt an der Mündung der Venta in die Ostsee und besitzt eine hübsche Altstadt mit klassizistischen Bürgerhäusern und Kirchen. Sie verbirgt sich allerdings hinter ausgedehnten Hafen- und Industrieanlagen – Ventspils ist ein Zentrum der Petrochemie.

Die restaurierte **Ordensburg** aus dem 13. Jh. beherbergt eines der modernsten Museen Lettlands, das sich der Geschichte der Burg, der Stadt und des Herzogtums Kurland widmet (Di–So 10–18 Uhr). Im **Freilichtmuseum für Fischerei** lassen Boote, Werkzeuge und Katen den harten Arbeitsalltag lettischer Fischer nachvollziehen (Riņku 2, Mai–Okt. tgl. 10–18, Nov.–April nur Mi–So 11–17 Uhr). Am feinsandigen **Badestrand** sorgen Beachvolleyballfelder und der Aquapark für Abwechslung (Mednu iela 19, Juni bis Aug. tgl. 10–22 Uhr).

Dorfkirche von Mazirbe, dem Zentrum der Liven

Info

Touristeninformation Ventspils

- Dārza 6 | 3601 Ventspils
- Tel. 6362 2263
- www.visitventspils.com

Hotel

Raibie Logi ●

Freundlich und modern eingerichtetes Hotel in einem hübschen Holzhaus.

- Lielais prospekts 61 | 3601 Ventspils
- Tel. 2914 2327
- www.raibielogi.lv

Bernstein – in allen Formen zu kaufen

Restaurant

Melnais Sivēns ●●
Gute »mittelalterliche« Küche im schummrigen Burgkeller.

- Jāņa iela 17
- Tel. 6362 2396
- www.pilskrogs.lv

6 *Liepāja 6

Der herrliche Sandstrand mit seinen kiefernbestandenen Dünen lässt leicht vergessen, dass Liepāja (Libau; 82 500 Einw.) nicht nur die drittgrößte Stadt Lettlands, sondern auch ein wichtiger Industriestandort ist. In der Sowjetzeit war Liepāja zudem Marinebasis und für Ausländer gesperrt. Die Plattenbauten der Kaserne am Hafen stehen heute leer, doch dafür beginnt die Altstadt aus ihrem Dornröschenschlaf zu erwachen: Die verkehrsberuhigte Tirgoņu iela säumen neben alten Bürgerhäusern auch immer mehr bunte Geschäfte und lebendige Cafés.

Am Meer

Mit mehr als 140 Baum- und Buscharten, hübschen Holzvillen und dem historischen Schlammbad ist der 1870 angelegte **Strandpark** von Liepāja eine schattige Oase auf dem Weg zum Meer.

Am kilometerlangen Sandstrand weht die Blaue Flagge. Das Strandleben genügt sich selbst und dem ausgeprägten lettischen Sonnenhunger: Bräunen in knapper Badebekleidung, dazu ein kühles Bier vom Kiosk. Auf der **Freilichtbühne** im Strandpark finden Konzerte, Sängerfeste und im August das Rockfestival »Liepājas dzintars« statt (genaue Termine unter www.liepajasdzintars.lv).

SEITENBLICK

Das Gold der Ostsee

80 % der weltweiten Bernsteinfunde stammen aus dem Baltikum. Bernstein ist aus dem fossilen Harz von Nadelbäumen entstanden, seine Farbe kann von weißlichgelb über honiggelb bis bräunlich variieren. Häufig weist er Einschlüsse von Insekten und Pflanzenteilen auf, sogenannte Inklusen. An der baltischen Ostseeküste kann man mit etwas Glück noch immer fündig werden – am besten nach einem Sturm. So wurde eine touristische »Bernsteinroute« entwickelt, die neben einschlägigen Museen auch Bernsteinwerkstätten und Fundstellen berührt. Die entsprechende Broschüre ist beim Lettischen Fremdenverkehrsamt erhältlich.

In der Stadt

Die **Dreifaltigkeitskirche** wurde im 18. Jh. für die deutsche Gemeinde erbaut und ist prachtvoll ausgestattet. Glanzstücke sind die Kanzel, der Beichtstuhl und die Loge des Herzogs von Kurland. Die Orgel gilt als eine der größten in Europa. Historische **Speichergebäude** säumen die Zivju iela; in der Bārinu iela (östl.) sind schöne Bürgerhäuser zu sehen. In der neogotischen **Annenkirche** beeindruckt der Barockaltar (1697) von Nicolaus Soeffrens.

Info

Touristeninformation Liepāja

- Rožu Lankums 5/6 | 3401 Liepāja
- Tel. 6348 0808
- www.liepajaturisms.lv

Aktivitäten

- Die **Touristeninformation** hält verschiedene Vorschläge für Radtouren bereit, darunter den etwa 44 km langen Bernsteinweg.

Hotels

Fontaine ●●

Schöne alte Holzvilla mit liebevoll eingerichteten Zimmern und hübschem Garten.

- Jūras 24 | 3401 Liepāja
- Tel. 6342 0956
- www.fontaine.lv

Roze ●●

Hübsch restaurierte Jugendstilvilla im Strandpark mit etwas plüschigen, aber behaglichen Zimmern.

- Rožu 37 | 3401 Liepāja
- Tel. 6342 1155
- www.parkhotel-roze.lv

Restaurants

Oskars ●●●

Ausgezeichnetes Restaurant im Europa City Amrita Hotel, auf der Karte stehen ausgewählte lettische, schwedische und internationale Gerichte.

- Rigas 7/9
- Tel. 6348 0888
- www.groupeuropa.com

Pastnieka māja ●●

Sehr gute kurländische Spezialitäten; schöner Garten.

- Brīvzemnieka 53
- Tel. 6340 7521
- www.pastniekamaja.lv

*Kuldīga 7

In sanfte Hügellandschaft eingebettet liegt Kuldīga (Goldingen; 13 000 Einw.), die ehemalige Residenz des kurländischen Herzogs. Die malerische Kleinstadt am Ufer der Venta hat ihre Holzbebauung aus dem 18. und 19. Jh. fast vollständig bewahrt – seit 2008 zählt sie zum UNESCO-Weltkulturerbe. Einige der schönsten alten Häuser säumen die Baznīcas iela. Die **Katharinenkirche** wurde nach einem Brand im 17. Jh. neu aufgebaut, von der Originalausstattung sind nur noch Altar und Kanzel des lettischen Meisters Nicolaus Soeffrens erhalten.

Ein beliebtes Fotomotiv ist der **Ventas rumba,** ein 240 m breiter Wasserfall, der über eine 2 m hohe Felsstufe hinabrauscht. Am schönsten präsentiert er sich von der **Ventabrücke** aus dem Jahre 1874 aus, mit 165 m eine der längsten Backsteinbrücken Europas.

› Karte S. 92

Die malerische Flusslandschaft der Venta lässt sich bei Kuldīga genießen

Info

Touristeninformation Kuldīga

- Baznīcas 5 | 3301 Kuldīga
- Tel. 6332 2259
- www.visit.kuldiga.lv

Hotel

Hotel Metropole ●●

Das beste Hotel am Platz, im angeschlossenen Restaurant setzt man auf Ökoküche.

- Baznīcas 11 | 3301 Kuldīga
- Tel 6335 0588
- www.hotel-metropole.lv

*Talsi 8

Rund um das hübsche Talsi (Talsen; 11 300 Einw), das auf sieben Erhebungen verteilt ist, ist die Landschaft etwas hügeliger als im übrigen Kurland – für die Bevölkerung Grund genug, sie stolz Kurische Schweiz zu nennen.

Die **Ordensburg** ist nurmehr in ihren Fundamenten zu erahnen; der Burgberg bietet jedoch einen schönen Blick über den Ort und den See. Auf dem Kirchberg wacht die evangelische Stadtkirche aus dem 18. Jh. An der Lielā iela, der Hauptstraße, ist die historische Bebauung des 19. Jhs. noch weitgehend erhalten. Das **Stadtmuseum** dokumentiert Talsis Geschichte und informiert über die alte Kultur der Kuren (Mīlenbaha 19; Di–So 10–17 Uhr).

Info

Touristeninformation Talsi

- Lielā 19/21 | 3201 Talsi
- Tel. 6322 4165
- http://talsitourism.lv

Hotel

Saule ●

Angenehmes kleines (6 Zimmer) Hotel am Talsi-See; Fahrradverleih.

- Saules 19 | 3200 Talsi
- Tel. 6323 2232
- www.saulehotel.lv

Semgallen / Zentral-Lettland

*Jelgava 9

Jelgava (Mitau; 64 000 Einw.) war einst Hauptstadt des Herzogtums Kurland. Als Ernst Johann Biron 1737 die Herzogswürde erhielt, ließ er sich auf einer Insel am Zusammenfluss von Driksa und Lielupe ein repräsentatives ***Schloss** erbauen. Die Entwürfe gehen auf den Petersburger Hofarchitekten Bartolomeo Francesco Rastrelli zurück. Hinter der imposanten Barockfassade residiert heute die Akademie für Landwirtschaft. Man kann aber ein kleines Museum und die *Gruft der Herzoge von Kurland besichtigen (Mo–Fr 10–16 Uhr).

In der Stadt steht ein weiteres prächtiges Barockgebäude, die ***Academia Petrina**. Herzog Peter Biron, der Sohn Ernst Johanns, hatte sie 1775 als erste höhere Bildungsanstalt Lettlands gegründet. Der 35 m hohe Turm diente astronomischen Beobachtungen.

Info

Touristeninformation Jelgava
- Pasta 37 | 3001 Jelgava
- Tel. 6302 2751
- www.jelgava.lv

Hotel

Jelgava ●–●●
Freundliches Hotel neben dem Schloss; Wellness-Bereich, Sauna, Café.
- Lielā 6 | 3001 Jelgava
- Tel. 6302 6193
- www.hoteljelgava.lv

Restaurant

Ceplis ●
Zentral gelegenes Lokal mit lettischen Spezialitäten.
- Lielā 49
- Tel. 6302 4726

**Schloss Rundāle 10

7

Ein Glanzpunkt jeder Lettland-Reise ist der Besuch von Schloss Rundāle, dem »Versailles an der Ostsee«. Es wurde 1735–1740 von Rastrelli als Sommerresidenz für Ernst Johann Biron, den nachmaligen Herzog von Kurland, errichtet. Im Ersten Weltkrieg erlitt das Schloss schwere Schäden; 1972 begann man jedoch mit Restaurierungsarbeiten, die inzwischen weitgehend abgeschlossen sind.

Interieur

Die Repräsentationsräume und einige Privatgemächer der herzoglichen Familie wurden originalgetreu restauriert. Besonders sehenswert ist der ***Goldene Saal**, in dem der Herzog Audienzen gewährte. Seinen Namen verdankt er den prächtigen, vergoldeten Stukkaturen. Die Wände des ***Rosenzimmers** überspannen kostbare Tapeten aus Seidenbrokat; ein Deckengemälde huldigt der Göttin Flora. Durch den ***Weißen Saal** wirbelten früher tanzende Paare. Filigrane Stuckarbeiten und Spiegelfenster verleihen ihm eine strahlende Helligkeit (Juni–Aug. tgl. 10–18.30, Mai, Sept. und Okt. 10–17.30, Nov.–April 10–16.30 Uhr; deutschsprachige Führungen auf Anfrage unter Tel. 6396 2197, http://rundale.net).

Erst-! klassig

› Karte S. 92

Park von Schloss Rundāle

Parkanlage

Der riesige Schlosspark, den früher über 300 000 Linden zierten, wird derzeit nach Originalplänen Rastrellis rekonstruiert. Als Vorbild für die geometrische Anlage dienten französische Schlossgärten wie der Park von Versailles.

Hotel

Mezotnes Pils ●●●

Prachtvolles, klassizistisches Schloss im gleichnamigen Dörfchen. Schöne, individuell eingerichtete Zimmer mit Blick in den englischen Landschaftsgarten; ausgezeichnetes Restaurant.

- Bezirk Bauska
- Tel. 6396 0711
- www.mezotnespils.lv

Restaurant

Schlossrestaurant Rundāle ●●

Internationale Küche in feudalem Ambiente.

- Tel. 2922 7369
- Mi–So 10–18 Uhr

Bauska 11

Östlich von Rundāle liegt mit Bauska (11 000 Einw.) eine der ältesten Städte Semgallens. Im 15. Jh. eroberte der Deutsche Orden das Gebiet und errichtete am Zusammenfluss von Mūsa und Mēmele eine Festung – die letzte in Lettland. Die beeindruckenden Ruinen der **Burg**, die dem Nordischen Krieg zum Opfer fiel, wurden kürzlich restauriert, ebenso der jüngste Teil der Anlage, ein schlossähnlicher Anbau aus dem 16. Jh. In seinen Räumen ist eine Ausstellung zur Geschichte der Burg untergebracht (Mai–Sept. tgl. 9–19, Okt. 9–18, Nov.–April Di–So 11–17 Uhr, http://bauskaspils.lv). In der Altstadt von Bauska sind noch hübsche Holzhäuser aus dem 18. und 19. Jh. zu sehen.

Info

Touristeninformation Bauska

- Rātslaukums 1 | 3901 Bauska
- Tel. 6392 3797
- www.tourism.bauska.lv

Hotel

Hotel Bauska ●

Der Kastenbau aus der Sowjetzeit wurde unlängst komplett modernisiert; direkt am Busbahnhof.

- Slimnīcas 7 | 3901 Bauska
- Tel. 6392 0295
- http://bauskahotelabc.lv

Restaurant

Krodziņš ●

Einfaches, aber nettes Bistro mit bodenständiger Küche.

- Pieoniru 2
- Tel. 6392 0072

Vidzeme / Nordosten

Sigulda 12

Das Städtchen (12 000 Einw.) ist touristisches Zentrum des **Gauja-Nationalparks** › S. 105, der sich hier von seiner schönsten Seite präsentiert. Im 19. Jh. besaßen viele Adlige und reiche Kaufleute in Sigulda Sommerhäuser. Die Geschichte der Stadt reicht jedoch viel weiter zurück.

Im 13. Jh. errichteten die Kreuzritter am Gauja-Westufer eine **Ordensburg.** Ihre Ruine wird im Sommer als Freilichtbühne genutzt. An der Stelle der Vorburgen der früheren Festung wurde im 19. Jh. das **Neue Schloss** erbaut, in dem heute der Stadtrat tagt (keine Besichtigung). Am anderen Flussufer steht die Ruine der **Burg Krimulda,** die im 13. Jh. für den Bischof von Rīga errichtet wurde. Das 1854 im Stil des Klassizismus erbaute **Schloss Krimulda** dient heute als Sanatorium. Etwa 2 km flussaufwärts thront auf einer Bergkuppe die **Burg Turaida.** Sie wurde im 13. Jh. anstelle der Holzburg des Livenführers Kaupo errichtet, brannte aber 1776 nieder. Schon in den 1950er-Jahren begann man mit dem Wiederaufbau; heute ist sie die Hauptattraktion der Stadt.

Erst-! klassig Der Bergfried bietet einen herrlichen Blick auf das Gauja-Tal.

Gutmannshöhle

Mit 19 m Tiefe, 12 m Breite und 10 m Höhe ist die Gutmannshöhle (Gūtmaņa ala) die größte im Baltikum. Sie wird von einer Quelle durchflossen, um die sich viele Legenden ranken: So soll ein weiser Mann mit ihrem Wasser Kranke geheilt haben, was der Höhle zu ihrem Namen verhalf (an der Gaujas iela, die über die Gauja-Brücke zur Bischofsburg Turaida hinaufführt).

Info

Touristeninformation Sigulda

- Ausekļa 6 | 2150 Sigulda
- Tel. 6797 1335
- http://tourism.sigulda.lv

Aktivitäten

Makars

Geführte Kanutouren, Kanuvermietung

- Peldu 2
- Tel. 2924 4948
- www.makars.lv

Hotel

Santa ●

Kleines Haus im Grünen mit Restaurant und Sauna; Rafting-Touren und Ausflüge in den Nationalpark.

- Kalnjāņi | 2150 Sigulda
- Tel. 6770 5271
- www.hotelsanta.lv

Restaurants

Aparjods ●●

Das Interieur ist lettischen Bauernhäusern nachempfunden, die (internationale und lettische) Küche sehr gut.

- Ventas 1 a
- Tel. 6797 4414
- www.aparjods.lv

Pilsmuiza ●●

Im Sommer speist man im Schloss-Restaurant auf der Terrasse; internationale und regionale Gerichte.

- Pils 16
- Tel. 6797 1425

› Karte S. 92

**Cēsis 13

2006 feierte die alte Hansestadt Cēsis (Wenden; 18 000 Einw.) ihren 800. Geburtstag. Ihr architektonisches Erbe ist entsprechend reich und wurde bereits zum großen Teil aufwändig restauriert. Mitten in der Stadt erhebt sich die imposante Ruine der ***Ordensburg** (Mūra pils) aus dem 13. Jh. Sie war eine der stärksten Festungen des Deutschen Ordens in Lettland, bis Iwan der Schreckliche die Schwertbrüder 1577 in die Knie zwang. Der Nordische Krieg fügte ihr im 18. Jh. weitere schwer wiegende Schäden zu. Dennoch ist sie heute die am besten erhaltene Ordensburg im Baltikum (Mai–Sept. tgl. 10–18, Okt.–April Di–Sa 10–17, So 10–16 Uhr).

Erst-! klassig

Einen schönen Blick auf die Ordensburg hat man vom **Nussberg** (Rieķstu kalns), der sich im Park des **Neuen Schlosses** (Jaunā pils) gleich neben der Ruine erhebt. In dem Herrenhaus, das ab 1777 auf den Resten der östlichen Vorburg für den Grafen Sievers erbaut wurde, ist heute das **Museum für Geschichte und Kunst** untergebracht (Di–So 10–17 Uhr). Die gotische **Johanneskirche** (Sv. Jāņa baznīca) wurde im 13. Jh. als Hauptkirche des Ordens erbaut, einige der Ordensmeister sind hier bestattet (Mai–Sept. tgl. 10–17 Uhr).

Denkmalgeschützte Häuser säumen die Rīgas iela, die belebte Hauptstraße der Altstadt. Noch aus dem 17. Jh. stammt das **Haus der Harmonie** (Harmonijas nams, Nr. 24), das einst Treffpunkt einer Musik- und Gesangsgesellschaft war.

Info

Touristeninformation Cēsis
- Pils laukums 9 | 4100 Cēsis
- Tel. 6412 1815
- www.tourism.cesis.lv

Verkehrsmittel

- 3 Zugverbindungen täglich nach Riga vom Bahnhof am Stacijas laukums; stündlich Busverbindungen in die Hauptstadt, Abfahrt vom Bahnhof.

Aktivitäten

Cīrulīši
Feriendorf mit Kanuverleih, Ausgangspunkt reizvoller Wanderwege entlang der Gauja.
- Murlejas 12
- Tel. 2626 6266
- www.zagarkalns.lv

Eži
Outdoor-Zentrum mit Kanuverleih, geführte Flusstouren für Gruppen.
- Raina 26/28
- Tel. 6410 7022
- www.ezi.lv

Hotels

Kolonna Hotel Cēsis ●●
Komfortabel und zentral gelegen. Zum Hotel gehört das **Café Popular** mit lettischer und internationaler Küche sowie Pizzen. Abends Livemusik.
- Vienības laukums 1 | 4101 Cēsis
- Tel. 6412 0122
- www.hotel.kolonna.com

Ungurs ●●
12 km außerhalb an der Landstraße nach Limbazi am Ungura-See gelegener Campingplatz mit 55 Betten in Holzhütten und Wohnmobilen.

- Raiskums-Bezirk
- Tel. 6413 4402
- alinakreile@inbox.lv

Restaurant

2 Locals ●

Café-Restaurant im Zentrum mit Sommerterrasse. Auf der Karte stehen lettische und internationale Gerichte.

- Rīgas 24a
- Tel. 2837 7783
- www.cafe2locals.lv

Shopping

Seno Rotu Kalve

Ein Silberschmied demonstriert sein Handwerk und eine Ausstellung zeigt traditionellen lettischen Schmuck.

- Pils iela 9
- http://kalve.cesis.lv

**Gauja-Nationalpark

Cēsis liegt inmitten des Gauja-Nationalparks, dessen einzigartige Landschaft sich zu Fuß, zu Pferd oder mit dem Kanu erkunden lässt (› **Special S. 35** sowie unter Sigulda und Cēsis). Entlang der Gauja gibt es 18 ausgewiesene Campingplätze.

Auf Wanderfreunde wartet eine Vielzahl markierter Naturpfade, über die das Besucherzentrum in Sigulda sowie die Touristeninformationen in **Līgatne** und Cēsis informieren. 4 km südwestlich von Cēsis beginnt z. B. ein Lehrpfad entlang der Gauja, auf dem sich die geologische Formierung der Flusslandschaft seit der Eiszeit ablesen lässt. Nordwestlich der Stadt erheben sich die eindrucksvollen Adlerklippen (Ērgļu klints). In der Nähe bietet ein Aussichtspunkt einen grandiosen

Erst-klassig

Flussschleife der Gauja

Blick über den Nationalpark. Auch von Līgatne aus führen eine Straße und mehrere Wanderwege durch das Tal.

Info

Besucherzentrum des Gauja-Nationalparks

- Baznīcas 3 | 2150 Sigulda
- Tel. 6780 0390
- www.gnp.gov.lv
- April–Okt. tgl. 10–18, Nov.–März tgl. 10–16 Uhr

Touristeninformation Līgatne

- Spriņģu 2 | 4110 Līgatne
- Tel. 6415 3169
- www.visitligatne.lv

Hotel

Lacu Miga ●

Gästehaus im Blockhüttenstil mit 13 gemütlichen Zimmern und Restaurant. Geführte Naturexkursionen.

- Gaujas 22 | Līgatne
- Mobil-Tel. 2913 3713
- www.lacumiga.lv

Tallinn

Das Beste!

- **Bei einer Tasse Kaffee** auf dem Rathausplatz ganz Tallinn vorbeiflanieren sehen › S. 111
- **Von der Aussichtsterrasse** am Domberg aus einlaufende Fähren und Kreuzfahrtschiffe beobachten › S. 113
- **Zum Ostseeufer** spazieren – im weitläufigen Park von Schloss Katharinental › S. 113
- **Mittelalterlich tafeln** im Olde Hansa – so schmackhaft geht man nur selten auf Zeitreise › S. 116

Estlands Hauptstadt wartet mit einer historischen Altstadt auf, in der seit Jahrhunderten Handel und Handwerk den Ton angeben. Aristokratisch präsentiert sich dagegen die Oberstadt auf dem Domberg mit Dom, Newski-Kathedrale und Schloss.

Tallinn ist eine der ältesten Städte Nordeuropas – und zugleich eine der vitalsten und spannendsten. Die mittelalterlichen Wehrtürme, die gotischen Fassaden rund um den Rathausplatz und die zierlichen Kirchtürme der Unterstadt verströmen keine museale Atmosphäre, sondern bilden die wunderschöne Kulisse für eine Stadt, die sich nach der Wende 1991 enthusiastisch auf die Zukunft gestürzt hat und Versäumtes im Eiltempo nachzuholen versucht. Weil die Esten stolz sind auf ihre Geschichte, wurden die Zeugnisse der Vergangenheit liebevoll restauriert. Weil sie ehrgeizig sind, blicken sie zugleich immer nach vorn – und leben ganz im Hier und Jetzt. Das bedeutet, dass die Altstadt buchstäblich gepflastert ist mit gemütlichen Cafés, originellen Bars, erstklassigen Restaurants und schönen Geschäften.

Jenseits der Altstadtmauern locken im Vorort Kadriorg mit Schloss Katharinental und dem neuen Kunstmuseum KUMU zwei weitere hochkarätige Sehenswürdigkeiten. Pirita trumpft mit einem feinsandigen Strand und den romantischen Ruinen des Birgittenklosters. Westlich von Tallinn gibt das Freilichtmuseum Rocca al Mare einen Einblick in das bäuerliche Leben Estlands vom 18. bis 20. Jh.

Touren in Tallinn

Tour 16 Tallinns Altstadt

Tour-Übersicht:

Verlauf: **Rathausplatz › Nikolaikirche › Domberg › Heiliggeistkirche › Gildehäuser › Olaikirche › Dicke Margarete › Stadtmauer › Schloss Katharinental (Kadriorg)**

Dauer: etwa 4 Std.

Praktische Hinweise:

- Die Sehenswürdigkeiten in der Altstadt erläuft man bequem zu Fuß.
- Nach Kadriorg verkehren die Straßenbahnlinien 1 und 3 sowie die Buslinien 31, 67 und 68.
- Eine Alternative sind die Sightseeing-Busse, die verschiedene Routen abfahren. Man kann die Touren nach Belieben unterbrechen (Tallinn City Tour, Tel. 627 9080, www.citytour.ee, Tagesticket 16 €).

Tallinns mittelalterliche Stadtmauer ist noch zu großen Teilen erhalten

› Karte S. 109

In der Altstadt von Tallinn

Tour-Start:

Der Rundgang beginnt auf dem belebten ****Rathausplatz** › S. 111. Nach einem Kaffee zum Auftakt schlendert man durch die Straßen Kullassepa und Niguliste zur mittelalterlichen ****Nikolaikirche** › S. 111, die heute ein sehenswertes Museum für sakrale Kunst beherbergt. Über das steile Lühike jalg erklimmt man anschließend den ****Domberg** mit dem stattlichen **Schloss** › S. 112, der reich geschmückten ***Newski-Kathedrale** › S. 112 und der ****Domkirche** › S. 113, einer der ältesten Kirchen Estlands. Von den Aussichtsterrassen bietet sich ein schöner Blick auf Unterstadt, Hafen und Meer. Für eine Pause bei einer Tasse Schokolade eignet sich das gemütliche, in die Stadtmauer integrierte **Café Bogapott** › S. 116. Über das Pikk jalg geht es nun entlang der alten Stadtmauer zur Pikk, Tallinns längster Straße. An ihr sind einige der wichtigsten Sehenswürdigkeiten aufgereiht: die ***Heiliggeistkirche** › S. 111, die **Gildehäuser** und die **Olaikirche** › S. 112. Den Schlusspunkt bildet die **Dicke Margarete** › S. 112, ein massiger Geschützturm. Je nach Lust und Laune kann man sich nun per Bus, per Taxi oder zu Fuß in den schönen Stadtteil Katharinental (Kadriorg) aufmachen. Ein Besuch des prächtigen Barockschlosses ****Katharinental** › S. 113 rundet die Tour ab.

17 Tallinn per Rad

Tour-Übersicht:

Verlauf: **Altstadt › Schloss Katharinental › Präsidentensitz › Sängerfestplatz › Pirita**

Distanzen: 15 km; bei geruhsamer Fahrweise 2,5 Std.

Praktische Hinweise:

- Radverleih und geführte Radtouren organisiert City Bike Tours, Uus 33, Tel. 511 1819, www.citybike.ee. Start tgl. 11 Uhr, 16 €.

Tour-Start:

In der Altstadt ist man ohne Fahrrad beweglicher. Für die außerhalb gelegenen Sehenswürdigkeiten ist das Rad jedoch ein ideales Fortbewegungsmittel. Man verlässt die Altstadt über die Uus und Kanuti tänav, um anschließend rechts in die Mere puiestee abzubiegen. Nun

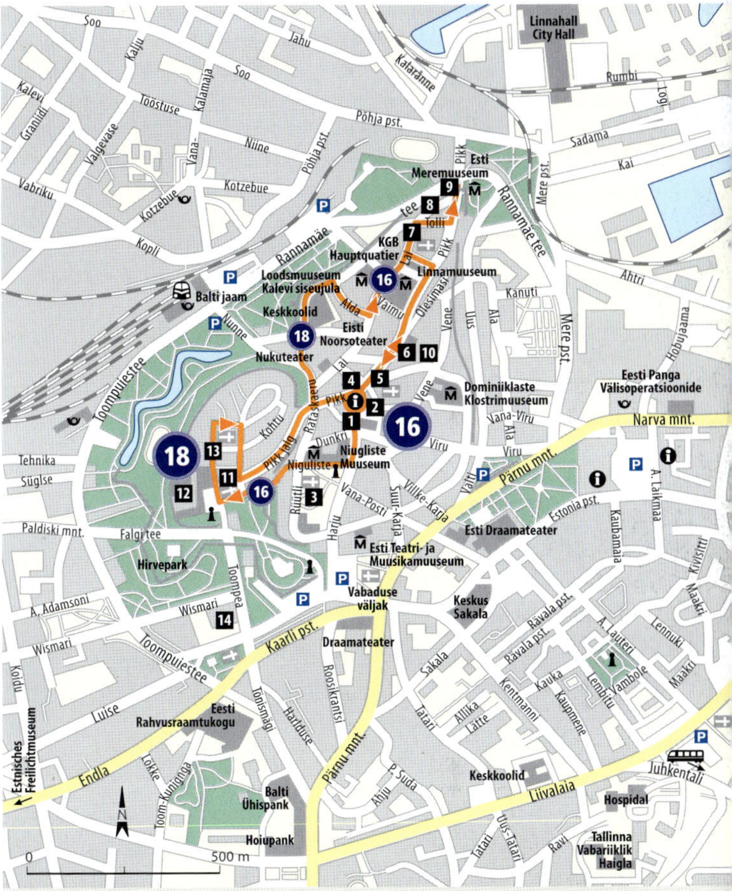

Touren in Tallinn

Tour 16

Tallinns Altstadt

Tour 18

View with a Brew-Kneipen-tour

1 Rathaus
2 Ratsapotheke
3 Nikolaikirche
4 Historisches Museum
5 Heiliggeistkirche
6 Schwarzhäupterhaus
7 Olaikirche
8 Drei Schwestern
9 Dicke Margarete
10 Stadtmuseum
11 Alexander-Newski-Kathedrale
12 Schloss Toompea
13 Domkirche
14 Okkupationsmuseum

15–18 › Karte S. 114

geht es am Hafen entlang (Tuukri tänav), bevor man die Hauptstraße Narva mantee quert und über die A. Weizenbergi tänav nach Kadriorg gelangt. ****Schloss Katharinental** › **S. 113** und der **Präsidentensitz** liegen in einer weitläufigen Parklandschaft, die südlich des Palastes von kleineren Straßen und im Schlosspark selbst von Wegen durchzogen ist. Am Meer entlang fährt man nun in Richtung **Pirita** › **S. 114**, etwa auf halbem Weg lohnt die **Sängerbühne** einen Stopp, von der die »Singende Revolution« ihren Ausgang nahm. Alle fünf Jahre ist sie Veranstaltungsort des nationalen Sängerfestes. In Pirita selbst sind die majestätischen Ruinen des **Birgittenklosters** sehenswert, die sich in einem Park am Ufer des Flusses Pirita erheben.

Tallinns spätgotisches Rathaus

18 View with a Brew-Kneipentour

Tour-Übersicht:

Verlauf: **Domberg › Stadtmauer › KGB-Hauptquartier › Rathausplatz › diverse Bars**

Dauer: etwa 4 Std.

Praktische Hinweise:

- Die Kneipentouren sind buchbar bei Est Adventures, Tel. 5308 8373, www.estadventures.ee, Preis je nach Teilnehmerzahl zwischen 35 und 60 € (bei nur 2 Pers.)

Tour-Start:

Zwar kann man die Erkundung von Tallinns Altstadt auch auf eigene Faust mit dem Besuch diverser Bars verbinden – schließlich gibt es genug davon. Dieser Rundgang lebt aber vom reichen Anekdoten-Schatz, den die einheimischen Guides (auf Englisch) vor ihren Zuhörern ausbreiten. Bei den Bar-Stopps hat man Gelegenheit, bei einem Drink oder kleinen Snack Fragen zum Leben in Tallinn zu stellen; das erste Bier geht stets auf den Guide. Zwischen diesen Thekenstationen besichtigen Sie den Domberg mit Newski-Kathedrale und Schloss, sehen Teile der Stadtmauer, das ehemalige KGB-Hauptquartier, das In-Viertel Kalamaja mit seinen alten Holzhäusern und natürlich den Rathausplatz, wo außer dem Rathaus und wunderschönen Fassaden auch nette Kneipen auf Sie warten.

› Karte
S. 109

Unterwegs in Tallinn

Unterstadt

**Rathausplatz

Der Rathausplatz (Raekoja plats) ist das pulsierende Zentrum der Altstadt mit Cafés, Restaurants und Markt (jeden Sa). Beherrscht wird er vom spätgotischen **Rathaus** 1 (Raekoda), das eindrucksvolle Wasserspeier in Form von Drachenköpfen besitzt. Von der Aussichtsplattform des Turms bietet sich ein schöner Rundblick (Mai–Mitte Sept. tgl. 11–18 Uhr). Die Turmspitze ziert seit dem 16. Jh. der Alte Thomas (Vana Toomas), eine Wetterfahne in der Form eines Landsknechts.

Rund um den Rathausplatz befinden sich einige der schönsten gotischen Fassaden der Stadt, darunter die **Ratsapotheke** 2 aus dem 15. Jh., eine der ältesten Apotheken Europas (Mo–Fr 9–19, Sa 9–17 Uhr).

**Nikolaikirche 3

Die Nikolaikirche (Niguliste kirik) wurde im 13. Jh. von deutschen Kaufleuten und Handwerkern erbaut. Heute dient sie als Konzertsaal und als Zweigstelle des Estnischen Kunstmuseums, in der sakrale Kunst des Mittelalters gezeigt wird. Glanzstücke sind der **Hauptaltar** vom Lübecker Meister Hermen Rode (1481) und ein Fragment des »**Totentanzes**« von Bernt Notke (15. Jh.) (Mi–So 10–17 Uhr, www.nigulistemuuseum.ee). An den Wochenenden finden jeweils um 16 Uhr stimmungsvolle Orgelkonzerte statt.

Erst-! klassig

Entlang der Pikk

Die Pikk ist die Hauptschlagader der Unterstadt. Auf ihr wurden einst die Handelsgüter vom Stadtzentrum zum Hafen transportiert, weswegen sie von prächtigen Kaufmannshäusern und Kontoren gesäumt ist. Im Haus der Großen Gilde ist das **Historische Museum** 4 (Ajaloomuuseum) untergebracht. Schon die Fassade des 1407–10 errichteten Gebäudes ist sehenswert; im Inneren dokumentieren Münzen, Gemälde und archäologische Fundstücke die Geschichte Estlands (Mai–Aug. tgl. 10–18, sonst nur Do–Di, www.ajaloomuuseum.ee). In der ***Heiliggeistkirche** 5 (Pühavaimu Kirik) aus dem 13. Jh. wurden nach der Reformation die ersten Gottesdienste in estnischer Spache abgehalten. Ihr schöner Barockturm macht sie zu einer der meistfotografierten Kirchen der Stadt. Im Inneren lassen sich einzigartige Kunstschätze entdecken: Herausragend sind die Kanzel (1597), das barocke Chorgestühl und der 1483 vom Lübecker Meister Bernt Notke erschaffene Flügelaltar (Mai bis Sept. Mo–Sa 9–18, So 9–10 Uhr, sonst nur vormittags).

Das **Schwarzhäupterhaus** 6 erhielt seine reich verzierte Renaissancefassade 1597. Unter dem Patronat des schwarzen Schutzheiligen Mauritius fanden sich hier unverheiratete Kaufleute zusammen. Das Haus ist nur im Rahmen von Kulturveranstaltungen zu besichtigen.

Mit der Newski-Kathedrale setzte der russische Zar ein Zeichen

Der 124 m hohe Turm der **Olaikirche** 7 (Oleviste Kirik) ist Tallinns Wahrzeichen. Mit 159 m war er im 16./17. Jh. der höchste Europas. Die Kirche stammt aus dem 13. Jh., erhielt ihr heutiges Aussehen aber nach einem Brand im Jahre 1820 (Juli/Aug. tgl. 10–20, sonst 10–18 Uhr, www.oleviste.ee).

An der Ecke Tolli tänav/Pikk stehen die **Drei Schwestern** 8 (Kolm õde), ein Baukomplex aus dem 15. Jh., der das Pendant zu den »Drei Brüdern« in Rīga › **S. 84** bildet. Seit 2003 beherbergt er ein Luxushotel. An der Strandpforte wacht die **Dicke Margarete** 9 (Paks Margareeta), ein Geschützturm aus dem 16. Jh., in dem das Estnische Museum für Seefahrt untergebracht ist (Mai–Sept. tgl. 10–18 Uhr, sonst nur Di–So, www.meremuuseum.ee).

*Stadtmuseum 10

In einem Kaufmannshaus aus dem 14. Jh. ist das Stadtmuseum (Linnamuuseum) untergebracht, das auf anschauliche Weise die Geschichte Tallinns dokumentiert. Schwerpunkte bilden das Mittelalter und das 20. Jh. In der obersten Etage sind Exponate aus dem Zweiten Weltkrieg und aus der Sowjetzeit ausgestellt (Vene 17, März–Okt. Mi–Mo 10.30–18, sonst 10–17 Uhr, www.linnamuuseum.ee).

Oberstadt / Domberg

*Alexander-Newski-Kathedrale 11

Die Zwiebeltürme der Alexander-Newski-Kathedrale dominieren Tallinns Silhouette. 1894–1900 als russisches Machtsymbol erbaut, ist sie im Inneren reich mit Mosaiken und Ikonen geschmückt. Die Glocke gilt als größte Estlands und wiegt über 15 t (tgl. 8–19 Uhr).

Schloss Toompea 12

Gegenüber der Newski-Kathedrale liegt Schloss Toompea (Toompea loss), heute Sitz des estnischen Parlaments (keine Besichtigung). Dem repräsentativen Bau wurde im 18. Jh. ein Großteil der alten Burg geopfert. Von ihr zeugen noch der **Lange Hermann** (Pikk Hermann), der 48 m hohe, größte erhaltene Turm, sowie die Nord- und Westmauer und zwei weitere Türme. Die ursprüngliche Barockfassade wurde während der Oktoberrevolution zerstört und später im Art-Déco-Stil wieder aufgebaut.

**Domkirche 13

Mittelpunkt des Dombergs (Toompea) ist die Domkirche (Toomkirik), eine der ältesten Kirchen des Landes. Ihr Erscheinungsbild ist spätgotisch, doch schon im 13. Jh. wurde hier für die deutsche Ritterschaft die Messe gelesen. Das Innere birgt wertvolle Kunstschätze, unter denen die **Grabmäler** mit lebensgroßen Figuren der Verstorbenen und die **Wappenschilde** des deutschbaltischen Adels herausragen (Juni bis Aug. tgl. 9.30–17.30 Uhr, sonst kürzer, www.toomkirik.ee, Sa um 12 Uhr Orgelkonzerte).

Erst-! klassig

Den schönsten Blick auf Tallinn genießt man von den vier Aussichtsterrassen rund um die Oberstadt – auf die roten Dächer der Unterstadt, die Kirchtürme und den Hafen.

Okkupationsmuseum 14

Das Museum unterhalb des Dombergs dokumentiert mit einer modern präsentierten Sammlung die deutsche und die beiden sowjetischen Besatzungszeiten (Toompea 8, Juni–Aug. Di–So 10–18, sonst nur bis 17 Uhr, www.okupatsioon.ee).

Östlich des Zentrums

Synagoge 15

Anders als in Riga und Vilnius gab es in Tallinn nur eine relativ kleine jüdische Gemeinde. Doch auch sie wurde durch die deutschen Besatzer vertrieben und ermordet. Juden, die nach dem Holocaust zurückkehrten, konnten unter sowjetischem Regime ihren Glauben ebenso wenig praktizieren wie die russischen Juden, die in Estland angesiedelt wurden. Im Jahr 2000 wurde schließlich die neue Synagoge eröffnet, zu der ein koscheres Restaurant und ein Jüdisches Museum gehören (Karu 16, Mo–Do 10–18, Fr 10–17, im Sommer bis 14 Uhr, www.ejc.ee).

*Estnisches Kunstmuseum (KUMU) 16

Erst-! klassig

2006 wurde Estlands neues nationales Kunstmuseum eröffnet, ein eigenwilliger, futuristisch anmutender Bau des finnischen Architekten Pekka Vapaavuori. Auf drei Ebenen ist estnische Kunst vom frühen 18. Jh. bis heute zu sehen (Weizenbergi 34, Mai–Sept Di–So 11–18 Uhr, sonst nur Mi–So, Mi jeweils 11–20 Uhr, www.kumu.ee).

**Schloss Katharinental 17

Das Schloss (Kadriorg), 3 km östlich von Tallinns Altstadt, gilt als schönstes Beispiel estnischer Barockarchitektur. Peter der Große ließ es 1718–36 als Sommerresidenz für seine Gattin Katharina errichten. Die Entwürfe gehen auf den italienischen Architekten Niccoló Michetti zurück. Heute beherbergt der herrschaftliche Bau ein Kunstmuseum mit Sammlungen westeuropäischer und russischer Kunst (Mai–Sept. Di–So 10–17 Uhr, Okt. bis April nur Mi–So, Mi jeweils 10–20 Uhr, www.kadriorumuuseum.ee). Im **Peterhaus,** dem Sommerhaus des Zaren, kann eine Ausstellung über sein Leben besichtigt werden (Mai–Aug. Di–So 10–18, Sept.–April Mi–So 10–16 Uhr).

› Karte S. 114

Pirita 18

In Pirita wurden bei den Olympischen Spielen 1980 die Segelwettbewerbe ausgetragen. Heute sind der 2 km lange **Sandstrand** und der Jachthafen beliebte Naherholungsziele. Die malerischen Ruinen des **Birgittenklosters** dienen im Sommer als Kulisse für Theateraufführungen und Konzerte (www.piritaklooster.ee, Buslinien 1, 1A, 8, 34, 38 ab Viru Center).

Westlich des Zentrums

**Estnisches Freilichtmuseum

Im Estnischen Freilichtmuseum in Rocca al Mare 8 km westlich der Altstadt wurden über 70 ländliche Gebäude aus allen Regionen Estlands aufgebaut. Die meisten stammen aus dem 19. Jh. Es gibt Windmühlen, eine Holzkirche und eine alte Dorfschenke, in der man sich

Tour durch Tallinn

Tour 17

Tallinn per Rad

1–14 › Karte S. 109
15 Synagoge
16 Estnisches Kunstmuseum (KUMU)
17 Schloss Katharinental
18 Pirita

mit traditionellen estnischen Gerichten stärken kann. Am Wochenende treten Folkloregruppen auf, und Handwerker demonstrieren ihr Können (Park tgl. 10–20 Uhr, Gebäude Ende April–Ende Sept. tgl. 10–18 Uhr, www.evm.ee, Buslinien 21, 21B ab Hauptbahnhof).

Info

Informationszentrum Tallinn

- Niguliste 2, Kulassepa 4
- 10146 Tallinn
- Tel. 645 7777
- www.tourism.tallinn.ee
- Juni–Aug. Mo–Fr 9–20, Sa, So 9–18 Uhr, sonst kürzer
- Die **Tallinn Card** gewährt freien Eintritt zu 40 Top-Attraktionen und berechtigt zu freier Fahrt im Nahverkehr. Sie kostet 24 € für 24 Std., 32 € für 48 Std. und 40 € für 72 Std.

Verkehrsmittel

- **Flughafen:** Der Flughafen (www.tallinn-airport.ee) liegt etwa 15 Autominuten südöstlich der Altstadt; Busverbindung alle 20 Min. (7–24 Uhr; 2 €). Taxi ins Zentrum ca. 10 €.
- **Busbahnhof:** Tallinna Bussiterminal (Lastekodu 46, Info Tel. 12550, www.tpilet.ee). Verbindungen nach Deutschland, Polen und Russland, nach Rīga und Vilnius sowie in jedes größere Dorf Estlands.
- **Bahnverbindungen:** Vom Hauptbahnhof (Toompuiestee 37, Tel. 631 0023, www.baltijaam.ee) Verbindungen nach Viljandi, Tartu, Narva, Pärnu, St. Petersburg und Moskau.
- **Schiffsverbindungen:** Fähren nach Helsinki, Stockholm und Rostock (via Helsinki).

Hotels

Merchant's House ●●●

Komfortables und modernes Haus in mittelalterlichem Gebäude. An der Bar kann man seinen Wodka in einer Eisschicht versenken. **Erst-! klassig**

- Dunkri 4/6 | 10123 Tallinn
- Tel. 697 7500
- www.merchantshousehotel.com

Schlössle ●●●

In diesem geschmackvoll restaurierten Haus im Herz der Altstadt nächtigen auch Estlands Staatsgäste. **Erst-! klassig**

- Pühavaimu 13/15 | 10123 Tallinn
- Tel. 699 7700
- www.schlossle-hotels.com

Telegraaf ●●●

Todschickes neues Hotel in der Altstadt mit Spa und französisch-russischem Restaurant, untergebracht im früheren Telegrafenamt aus dem 19. Jh.

- Vene 9 | 10123 Tallinn
- Tel. 600 0600
- www.telegraafhotel.com

The Three Sisters ●●●

5-Sterne-Hotel in liebevoll restauriertem Gebäude des 15. Jhs. mit jedem erdenklichen Luxus. **Erst-! klassig**

SEITENBLICK

Ausflug ab Tallinn

In eine ganz andere Welt entführt ein Tagesausflug in den **Lahemaa-Nationalpark** › S. 129. Nur 80 km von Tallinn entfernt warten eine zerklüftete Küstenlandschaft mit idyllischen kleinen Fischerdörfern und alte deutschbaltische Gutshöfe inmitten einsamer Wälder.

Die Viru tänav ist Tallinns Einkaufs- und Restaurantmeile

- Pikk 71/Tolli 2 | 10133 Tallinn
- Tel. 630 6300
- www.threesistershotel.com

Meriton Old Town Hotel ●●
Modernes Hotel in einem Gebäude des 19. Jhs.; schöne Lage am Nordrand der Altstadt. In die Lobby ist ein Teilstück der Stadtmauer integriert.
- Lai 49 | 10133 Tallinn
- Tel. 614 1300
- www.meritonhotels.com

Von Stackelberg Hotel Tallinn ●●
Gestylte, modern-kühle Unterkunft am westlichen Rand der Altstadt. Die Zimmer nennen sich »Zen Rooms«.
- Toompuiestee 23 | 10137 Tallinn
- Tel. 660 0700
- www.uniquestay.com

Restaurants

Le Bonaparte ●●●
Französische Küche in einem liebevoll restaurierten Gebäude des 13. Jhs. »Le Cellier« im Kellergewölbe hat etwas moderatere Preise.
- Pikk 45 | Tel. 646 4444
- www.bonaparte.ee

Balthasar ●●
Hier werden alle Gerichte mit Knoblauch zubereitet – sogar die Desserts (z. B. Eis mit mariniertem Knoblauch). Beim Essen genießt man einen schönen Blick auf den Rathausplatz.
- Raekoja plats 11
- Tel. 627 6400
- www.balthasar.ee

Kuldse Notsu Kõrts ●●
Erst-! klassig
Neben estnischen Gerichten mit Schweinebraten, Blutwurst und Sauerkraut auch Vegetarisches.
- Dunkri 8
- Tel. 628 6567
- www.hotelstpetersbourg.com

Olde Hansa ●●
Mittelalterliche Speisen, Gewürzbier, Pfeifenklänge und kostümiertes Personal beschwören Tallinns Vergangenheit herauf.
- Vana Turg 1
- Tel. 627 9020
- www.oldehansa.org

Café

Café Bogapott
Das gemütliche Café scheint mit der Stadtmauer des Dombergs verwachsen zu sein. Serviert werden Sandwiches und Kuchen (10–18 Uhr). Im Nebenraum kann man Töpfern bei der Arbeit zusehen – und die schönsten Stücke gleich als Souvenir mitnehmen.
- Pikk jalg 9
- Tel. 631 3181

Shopping

8 Unweit vom Rathaus beginnt die **Viru tänav,** Tallinns beliebteste Einkaufsmeile. Alle internationalen Ketten sind hier vertreten. Vor der Stadtmauer (Ecke Viru) liegt linker Hand der Wollmarkt (Müürivahe), wo es Handgestricktes in leuchtenden Farben und skandinavischen Mustern gibt – und das immer noch recht preiswert.

Erst-! klassig

Eesti Käsitöö Maja
Estnisches Kunsthandwerk von Keramik über Textilien bis zu Holzarbeiten und Lederwaren.
- Pikk 22
- www.crafts.ee

Katharinengilde
Hochwertiges estnisches Kunsthandwerk.
- Vene 12

Nu Nordik
Nordisches Design vom Becher bis zur Bluse.
- Vabaduse Väljak 8
- www.nunordik.ee

Nightlife

Nimeta Baar
Die »Bar ohne Namen« ist im Tallinner Nachtleben eine feste Größe. Hier treffen sich Touristen, in Tallinn lebende Ausländer und Einheimische.
- Suur-Karja 13
- www.nimetabaar.ee

Café Amigo
Populärer Livemusik-Club; ab 22 Uhr spielen Rock- und Blues-Bands.
- Viru väljak 4 (im Hotel Viru)
- www.amigo.ee

Hell Hunt
Gemütlicher Pub mit einer hervorragenden Auswahl an Biersorten.
- Pikk 39
- www.hellhunt.ee

Topdressen für baltisches Design

Erst-! klassig

- **Ramune Piekautaite,** Vilnius:
  Die eigenwillige, aber alltagstaugliche Damenmode der litauischen Designerin verströmt urbane Eleganz.
  Didzioji 20
  www.ramunepiekautaite.com
- **Nationale Design- und Mode-Galerie,** Vilnius › S. 58.
  Hier sind gleich mehrere litauische Designer unter einem Dach versammelt.
- **Tornis,** Rīga › S. 89.
  Zeitgemäßer Schmuck, inspiriert von traditionellen baltischen Vorbildern – auch Hillary Clinton zählt zur Kundschaft.
- **Nu Nordik,** Tallinn › S. 117.
  Möbel, Kleider und Accessoires in nordisch-unaufgeregtem, reduziertem Stil.
  Reet Aus, Tallinn:
  Avantgardistische Ökomode aus organischen oder recycelten Materialien, etwa aus alten Uniformen oder Schlafsäcken.
  Müürivahe 19
  www.reetaus.com
- **IIDA – Estonian Textile, Design & Fashion,** Tallinn:
  Mode, Schmuck und Heimtextilien junger estnischer Designer.
  Suur-Karja 2
  www.iidadesign.eu

Estland

Das Beste!

- **Ein Schlammbad** in Haapsalu nehmen – wie schon die russische Zarenfamilie › S. 123
- **Den Wind im Haar** spüren bei einer Radtour über die Insel Saaremaa › S. 125
- **Die Kultur- und Kneipenszene** der lebendigen Universitätsstadt Tartu entdecken › S. 134
- **Vom höchsten Berg** des Baltikums nach Russland hinüberblicken › S. 136

› Karte
S. 120

Estland ist ein Naturparadies mit urwüchsigen Landschaften, in denen verstreut alte deutschbaltische Gutshöfe liegen. Highlights sind die einsamen Inseln vor der Westküste und der Lahemaa-Park mit seinen Wäldern, Mooren und Findlingsfeldern.

So geschäftig und modern es in Tallinn zugeht, so ländlich-gemütlich ist es im übrigen Estland. Kilometerlange unverbaute Strände säumen die Westküste, wo man sich in traditionsreichen Badeorten wie Haapsalu und Pärnu nach allen Regeln der Kunst verwöhnen lassen kann. Vor der Küste liegen einsame Inseln mit unberührter Natur und verträumten kleinen Fischerdörfern; die beiden größten, Hiiumaa und Saaremaa, zählen zu den schönsten Reisezielen des Landes.

Touristisch sehr viel besser erschlossen ist der Lahemaa-Park im Norden Estlands; zerklüftete Buchten, einsame Wälder und versteckt liegende Herrensitze machen den Reiz dieser Gegend aus. Jenseits der Nationalparkgrenzen beginnt mit dem Glint ein spektakulärer Küstenabschnitt, den steil abfallende Kalkfelsen und daran herunterrieselnde Wasserfälle prägen.

Das Zentrum Südestlands ist die Universitätsstadt Tartu mit historischer Altstadt und studentisch geprägter Kultur- und Kneipenszene. Etwas weiter südlich kann man vom höchsten Berg des Baltikums in eine wald- und seenreiche Hügellandschaft schauen, die als eine der reizvollsten in Estland gilt.

Touren in Estland

19 Die Höhepunkte Estlands

Tour-Übersicht:

Verlauf: **Tallinn › Haapsalu › Saaremaa › Pärnu › Tartu › Lahemaa-Nationalpark**

Distanzen: 758 km; 7 Tage

Praktische Hinweise:

- Obwohl die Tour mit Linienbussen durchführbar ist, ist man mit dem (Miet-)Wagen am flexibelsten.
- Die Fähre von Virtsu nach Muhu verkehrt im Sommer stündlich (Fahrtzeit 30 Min., Pkw 7,40 €, Erw. 2,60 €, www.tuulelaevad.ee).

Tour-Start:

Zwei Tage sollte man einplanen, um in ***Tallinn › S. 106 die mittelalterliche Altstadt und den Stadtteil Kadriorg zu erkunden. Anschließend führt der Weg an der Küste entlang

Strandleben in Pärnu

zum nostalgischen Bade- und Kurort **Haapsalu › S. 123, wo man in frischer Seeluft ausgiebig Gesundheit tanken kann. Anderntags setzt man mit der Fähre von Virtsu nach Muhu (Kuivastu) über. **Muhu › S. 127** und **Saaremaa › S. 125** verbindet eine Brücke. Die Bischofsburg in **Kuressaare › S. 125, hölzerne Windmühlen und unberühr-

Touren in Estland

Tour 19 Die Höhepunkte Estlands Tallinn › Haapsalu › Saaremaa › Pärnu › Tartu › Lahemaa-Nationalpark

te Natur machen die ländliche Insel zum lohnenden Ziel. Zurück auf dem Festland wird **Pärnu › S. 128 angesteuert. In Estlands Sommerhauptstadt erwarten den Besucher eine hübsche Altstadt und ein traumhafter Sandstrand mit lebhaftem Badebetrieb. Durch den grünen Süden Estlands geht die Fahrt anschließend über Tõrva nach **Tartu

Tour 20 Inselzauber Haapsalu › Hiiuma › Saaremaa › Muhu

Tour 21 Findlinge und Herrenhäuser Tallinn › Lahemaa-Nationalpark › Rakvere › Glintküste › Kloster Pühtitsa › Narva

› S. 134. Die Universitätsstadt ist das geistige Zentrum des Landes und besitzt außer einer reizvollen Altstadt viele gute Restaurants und Cafés. Noch einmal mitten in die Natur führt die letzte Touretappe. Auf dem Weg nordwärts erreicht man bei Mustvee das Ufer des ***Peipus-Sees** › S. 136, Europas fünftgrößtem Binnensee. Hier lohnt sich ein Zwischenstopp – am Nordufer gibt es schöne Sandstrände, an denen man meist mit sich und der Natur allein ist. Der ****Lahemaa-Nationalpark** › S. 129 vereint schließlich mit zerklüfteter Küste, malerischen Gutshöfen und viel Wald alle Vorzüge Estlands.

Tour 20 Inselzauber

Tour-Übersicht:

Verlauf: **Haapsalu › Hiiuma › Saaremaa › Muhu**

Distanzen: 134 km; 5 Tage

Praktische Hinweise:

- Fähren verkehren in relativ kurzen Abständen zwischen dem Festland und den Inseln sowie zwischen den Inseln. Fahrpläne und Tarife unter www.tuulelaevad.ee.

Tour-Start:

Reif für die Inseln? Dann sollte man sich fünf Tage für etwas gönnen, was manche für die schönste Seite Estlands halten: die Inselwelt. Los geht es in **Haapsalu** › S. 123 auf dem Festland. Mit der Fähre setzt man von Rohuküla nach Heltermaa auf der Insel ***Hiiumaa** › S. 124 über. Ihre noch fast unberührte Natur lässt sich per Rad, mit dem Pferd oder zu Fuß erkunden. Von Sõru im Süden Hiiumaas nimmt man die Fähre zum Hafen Triigi bei Leisi auf ****Saaremaa** › S. 125. Dort steuert man zunächst die Inselhauptstadt ****Kuressaare** › S. 125 an, die ein guter Ausgangspunkt für Erkundungen ist. Unbedingt gesehen haben sollte man den Kaali-Krater, der durch einen Meteoriteneinschlag vor etwa 4000 Jahren entstand, und die Windmühlen in Angla – eines der schönsten Fotomotive Saaremaas. Die idyllische kleine Insel **Muhu** › S. 127 erreicht man über eine Brücke. Hier kann man sich im Hotel Pädaste Manor › S. 128 verwöhnen lassen und die Stille der Natur ringsum genießen. Von Kuivastu auf Muhu gelangt man per Fähre zurück aufs Festland.

Tour 21 Findlinge und Herrenhäuser

Tour-Übersicht:

Verlauf: **Tallinn › Lahemaa-Nationalpark › Rakvere › Glintküste › Kloster Pühtitsa › Narva**

Distanzen: 209 km; 2–3 Tage

Praktische Hinweise:

- Am bequemsten ist man mit dem (Miet-)Wagen unterwegs (insbesondere im Lahemaa-Nationalpark). Trotzdem ist auch diese Tour mit Linienbussen realisierbar. Innerhalb der Parkgrenzen sind die Busverbindungen eher dürftig.

Tour-Start:
Von **Tallinn** › **S. 106** aus fährt man in östlicher Richtung an der Küste entlang bis nach Palmse, wo sich in einem der schönsten deutschbaltischen Gutshöfe das Besucherzentrum des ****Lahemaa-Nationalparks** › **S. 129** befindet. Hier starten mehrere markierte Wanderwege und man bekommt Tipps für weitere Unternehmungen. Im Park sollte man unbedingt Käsmu anschauen, eines der idyllischsten Dörfer Estlands auf einer Halbinsel voller eindrucksvoller Findlinge; lohnend sind außerdem Altja, Võsu und der Gutshof Sagadi. Übernachtet wird in Käsmu oder **Rakvere** › **S. 131**, wo die Ruinen der Ordensburg Beachtung verdienen. Auf der Weiterfahrt gen Osten passiert man mit der ****Glintküste** › **S. 132** einen der spektakulärsten Küstenabschnitte Estlands. Bevor man Narva erreicht, lohnt ein Abstecher zum 23 km südlich gelegenen ***Kloster Pühtitsa** › **S. 132**, dem einzigen russisch-orthodoxen Nonnenkloster Estlands. **Narva** › **S. 133** liegt landeinwärts, an der Küste träumt das ehemals glanzvolle Seebad **Narva-Jõesuu** › **S. 133** von besseren Zeiten. Unbedingt sehenswert sind die eindrucksvolle Hermannsfestung und ihr russisches Pendant Iwangorod jenseits des Grenzflusses Narva.

Unterwegs in Estland

Westküste und Inseln

9 **Haapsalu 1
Das Bilderbuchstädtchen Haapsalu (12 000 Einw.) war einst ein eleganter Kurort, in dem auch die russische Zarenfamilie öfters verweilte. Ein Überbleibsel aus dieser Zeit ist der **Alte Bahnhof,** ab 1906 Anlaufstelle für betuchte Reisende aus St. Petersburg, der damals den längsten überdachten Bahnsteig Europas besaß. Auch das 1905 erbaute **Kurhaus,** ein reich verzierter Holzbau am Beginn der Strandpromenade, spiegelt den Glanz jener Tage. Heute finden hier Konzerte statt, z. B. das Streicherfestival im Juli (Terminauskünfte bei der Touristeninformation).

Schmale Gassen und bunte Holzhäuser des 19. Jhs. prägen das Bild der Altstadt. In ihrem Zentrum steht die **Bischofsburg** aus dem 13. Jh., die heute Schauplatz kultureller Veranstaltungen ist. Die in unterschiedlichen Stadien des Verfalls begriffenen Burgmauern um den grünen Innenhof bieten eine überaus romantische Kulisse (tgl. 7–24 Uhr).

In einem kleinen Holzhaus in Haapsalu (Linda 6) wuchs Ilon Wikland auf, die Illustratorin der Kinderbücher von Astrid Lindgren. 1944 flüchtete Wikland nach Schweden. Wer genau hinschaut, wird Ähnlichkeit zwischen Haapsalu und Bullerbü feststellen. **Ilon's Wonderland** zeigt Arbeiten der berühmten

Künstlerin (Kooli 5, Mai–Aug. tgl. 11–18, sonst Mi–So 11–17 Uhr, www.ilon.ee).

Info

Touristeninformation Haapsalu

- Posti 37 | Haapsalu 90502
- Tel. 472 5300
- www.haapsalu.ee

Verkehrsmittel

- Die **Fähren** nach Hiiumaa (Hafenort Heltermaa) und Vormsi legen in Rohuküla 10 km westlich von Haapsalu ab (Fahrtzeit 90 Min., Pkw 8,80 €, Erw. 3 €). Fahrpläne, Preise und Reservierungen für den gesamten Inselverkehr vor der Westküste unter Tel. 452 4444 oder www.tuulelaevad.ee.

Hotel

Spa Hotel Laine ●●

Modernes Hotel am Strand mit breitem Wellnessangebot und Schwimmbad. Restaurant mit Meerblick.

- Sadama 9/11 | 90502 Haapsalu
- Tel. 472 4400
- www.laine.ee

Restaurant

Kuursaal ●●

Cocktails zum Sonnenuntergang und gute internationale Küche in nostalgischem Ambiente (Mai–Sept.).

- Promenaadi 1
- Tel. 475 7500
- www.haapsalukuursaal.ee

*Hiiumaa

Wer Ruhe sucht, ist hier richtig: Die zweitgrößte estnische Insel (989 km^2) hat nur 11 000 Einwohner und steht unter Naturschutz. Siedlungen konzentrieren sich an der Küste; das Inselinnere ist von Mooren, Wäldern und Wacholderheiden bedeckt. Zur Fauna gehören Elche und Luchse. Touristisches Zentrum ist **Kärdla** **2**, ein gepflegtes Städtchen im Nordwesten Hiumaas.

Auf der Halbinsel **Kõpu** **3** im Westen weist schon seit dem 16. Jh. ein Leuchtturm den Weg; von seiner Aussichtsplattform (130 Stufen) hat man einen schönen Blick auf die Küste (Mai–Sept. 10–17 Uhr). Das spätbarocke ***Gutsschloss Suuremõisa** **4** gehört zu den schönsten Herrenhäusern des Baltikums. Es liegt in einem verwunschenen Park mit knorrigen alten Bäumen und Teichen. Heute beherbergt der Bau zwei Schulen, lohnt aber auf jeden Fall einen Abstecher (6 km vom Hafen Heltermaa).

Erst-! klassig

Info

Touristeninformation Hiiumaa

- Hiiu 1 | Kärdla | 92413 Hiiumaa
- Tel. 462 2232
- www.hiiumaa.ee

Verkehrsmittel

- **Fähre** vom Hafen Sõru nach Saaremaa (Hafen Triigi bei Leisi) 4-mal tgl.; Fahrtzeit ca. 1 Std. , Pkw 7,40 €, Erw. 2,60 €, www.tuulelaevad.ee.
- **Bootstouren** zu den kleineren Inseln organisiert das Hotel Liilia › S. 125, das auch einen Bootsverleih betreibt.

Hotels

Heltermaa ●●

Freundliches Hotel am Fährhafen, 18 moderne Zimmer, alle mit Meerblick; Restaurant, Bar, Sauna.

Die Bockwindmühlen bei Angla sind ein Wahrzeichen Saaremaas

- Pühalepa | Heltermaa | 92312 Hiiumaa
- Tel. 469 4146
- www.heltermaahotell.ee

Spa Lõokese ●●

Wellnesshotel in schöner Lage unweit von Käina; Pool und Sauna.

- Lõokese 14 | Käina | 92101 Hiiumaa
- Tel. 463 6146
- www.lookese.ee

Restaurants

Lest & Lammas ●●

Grillrestaurant mit Schwerpunkt auf Lamm und Fisch.

- Kassari Puhkekeskus | Käina
- Tel. 469 7169
- http://kassarikeskus.ee

Liilia ●●

Hotel-Restaurant mit internationaler Küche und estnischen Spezialitäten.

- Hiiu mnt. 22 | Käina
- Tel. 463 6146
- www.liiliahotell.ee

**Saaremaa

10

Nach Jahrzehnten als militärisches Sperrgebiet hat der Tourismus Saaremaa (Ösel, 37 000 Einw.) wach geküsst: Die größte estnische Insel präsentiert sich als eine Sommeridylle wie aus vergangener Zeit, mit viel unberührter Natur, bunten Holzvillen und alten Windmühlen. Der Tourismus konzentriert sich auf Kuressaare. Auf dem Weg vom Hafen bei Leisi dorthin kommt man an **Angla** mit seinen für Saaremaa typischen Bockwindmühlen vorbei. Das Dorf **Karja** besitzt eine Wehrkirche aus dem 13. Jh. Ein einzigartiges Naturdenkmal ist der Kratersee bei **Kaali**. Er entstand, als vor ca. 4000 Jahren ein Meteorit auf Saaremaa aufschlug.

**Kuressaare 5

Der mit 16 000 Einwohnern größte Ort der Insel war einst als Arensburg in deutschen Karten verzeich-

› Karte S. 120

Bischofsburg in Kuressaare

net. In der hübsch restaurierten Altstadt stehen klassizistische Bürgerhäuser neben prachtvollen Holzvillen aus dem 19. Jh.

Die ***Bischofsburg** aus dem 14. Jh. dominiert das Städtchen. Sie ist die am besten erhaltene Burg des Ritterordens im Baltikum. Den quadratischen Hof umgeben schwere Befestigungsmauern mit zwei mächtigen Wehrtürmen; im Inneren informiert ein Museum über die Geschichte der Insel. Im Burghof finden im Sommer Kulturveranstaltungen statt. Umgeben ist die Anlage von einem im 19. Jh. angelegten Park (Mai–Aug. tgl. 10–19, sonst Mi–So 11–18 Uhr).

Über die Insel

Gleich hinter Kuressaare beginnen Birken- und Kiefernwälder. Nordwärts fahrend erreicht man den Sprengel **Tagaranna** 6, wo jedes der kleinen Holzhäuser von einer Steinmauer umgeben ist. Selbst die Äcker sehen aus, als wüchsen hier nur Steine aus dem Boden.

Südwestlich von Kuressaare erstreckt sich die dünn besiedelte **Sõrve-Halbinsel** 7 mit touristisch noch wenig erschlossenen Sandstränden jenseits der Küstenstraße. Hier kann man bis zum Leuchtturm am Ende der Landzunge fahren und nach Lettland hinüberträumen.

Erst-! klassig

Info

Touristeninformation Kuressaare

- Tallinna 2 | 93819 Kuressaare
- Tel. 453 3120
- www.saaremaa.ee

Verkehrsmittel

- **Busbahnhof:** Pihtla tee 2, Kuressaare, Tel. 453 16 60. Verbindungen in alle größeren Städte Estlands.
- **Flughafen:** Roomassaare tee 1, Tel. 453 3793, www.eeke.ee. Flüge nach Tallinn tgl. außer Sa.

Aktivitäten

- **Geführte Radtouren** von 3 Std. bis zu mehreren Tagen veranstaltet das Reisebüro Mere (www.rbmere.ee).

Hotels

Arensburg ●●●
25 Zimmer in einem historischen Gutshof mitten in der Altstadt von Kuressaare. Schönes Restaurant und Weinstube mit offenem Kamin.
- Lossi 15
- Tel. 452 4700
- http://arensburg.ee

Georg Ots Spa ●●●
Modernes Wellnesshotel am Sandstrand von Kuressaare › S. 23.
- Tori 2
- Tel. 455 0000
- www.gospa.ee

Spa Hotel Rüütli ●●
Wellnesshotel am Jachthafen mit Pool und Kinderbetreuung; Spa Packages.
- Pargi 12
- Tel. 454 8100
- www.sanatoorium.ee

Camping Tehumardi ●
Campingplatz mit westlichen Standards; im Norden der Sõrve-Halbinsel gelegen (15 Automin. von Kuressaare). Unterschiedlich große Holzhäuschen; Sauna.
- Salme
- Tel. 457 1666
- www.tehumardi.ee

Restaurants

Veski ●●
Estnische Küche in den rustikalen Räumen einer mehr als 100 Jahre alten Windmühle.
- Pärna 19
- Tel. 453 3776
- www.veskitrahter.ee

Vaekoda ●
Fisch- und Wildgerichte im ehemaligen Waagehaus, große Terrasse.
- Tallinna 3
- Tel. 453 3020
- www.vaekoda.ee

Muhu

Eine Brücke verbindet Saaremaa mit Muhu. Das Inselchen hat 2000 Einwohner – entsprechend ruhig geht es hier zu. Touristische Infrastruktur ist kaum vorhanden, was für viele jedoch den Reiz dieser Insel ausmacht. Weites Land mit windgepeitschten Wacholderbüschen, Findlinge und Bruchsteinmauern prägen das Bild. Kurz vor dem Damm nach Saaremaa steht die Eemu-Bockwindmühle direkt an der Straße (Mi–So 10–18 Uhr).

Das denkmalgeschützte Dorf **Koguva** **8** ist heute ein bewohntes Freilichtmuseum mit Reetdachhäusern, blühenden Bauerngärten und moosbewachsenen Steinmauern, von denen einige schon 200 Jahre alt sind. Eine kleine Ausstellung dokumentiert das Inselleben. Von Koguva führt eine schöne Wanderung auf einer Sandbank zum Eiland Kõinastu (ca. 3 km). **Erst-! klassig**

Verkehrsmittel

- Von Virtsu auf dem Festland aus verkehren **Fähren** zum Hafenort Kuivastu; in der Hauptsaison stündlich. Fahrzeit ca. 30 Min., Pkw 7,40 €, Erw. 2,60 €, Tel. 452 4444, www.tuulelaevad.ee.

Aktivitäten

- Reitwanderungen und Ausritte organisiert der **Reiterhof Tihuse Hobuturismitalu** (Tel. 514 8667, www.tihuse.ee) in Hellemaa. Packages für Reiter bietet auch **Pädaste Manor** › S. 128.

Hotels

Pädaste Manor ●●●

Erst-klassig

Restaurierter Gutshof aus dem 16. Jh. in ruhiger Lage am Meer. Gourmetrestaurant und Wellnessbereich.

- Pädaste (im Südwesten Muhus)
- Tel. 454 8800
- www.padaste.ee

Vanatoa ●

Gemütliches Gästehaus im Freilichtmuseum von Koguva (nur Mai–Okt.).

- Koguva
- Tel. 454 8884
- www.vanatoa.ee

Restaurant

Muhu Restoran ●–●●

Internationale Küche von Pasta bis zu Wok-Gerichten aus heimischen Zutaten. In einem Nebengebäude wird Kunsthandwerk verkauft.

- Liiva
- Tel. 459 8160

11 **Pärnu 9

Pärnu (43 500 Einw.) ist die offizielle Sommerhauptstadt Estlands und verströmt mit Cafés und hübscher Strandpromenade geradezu südländisches Flair. Der kilometerlange Sandstrand ist breit und sauber. Erst jenseits der Stadtgrenzen verliert er sich in Schilfgras – hier ist die Natur noch unberührt. Pärnu hat eine lange Tradition als Kurort: Seit 150 Jahren kann man hier seine Leiden mit Schlammbädern kurieren. Neben den Kureinrichtungen tragen alte Parks und schattige Alleen zum Wohlbefinden der Urlauber bei.

Hinter dem Strand erstreckt sich der 1882 angelegte **Rannapark,** an dem viele Hotels und Restaurants liegen. In die Altstadt gelangt man von hier aus durch das **Tallinner Tor** (Tallinna värav), das einzige erhaltene Tor der Stadtbefestigung des 17. Jhs. Heute ist hier ein gemütliches Café mit Terrasse untergebracht. Die orthodoxe **Katharinenkirche** (Katariina kirik) ist mit ihrer von vier Türmen umgebenen, runden Kuppel das Wahrzeichen der Stadt. Sie wurde 1764 von Zarin Katharina II. gestiftet und diente vielen orthodoxen Kirchen im Baltikum als Vorbild (Mo–Fr 11–18, Sa, So 9–18 Uhr). An die mittelalterliche Befestigungsanlage der früheren Hansestadt erinnert heute nur noch der **Rote Turm** (Punane torn), Pärnus ältestes Bauwerk.

Info

Touristeninformation Pärnu

- Uus 4 | 80010 Pärnu
- Tel. 447 3000
- http://visitparnu.com

Hotels

Villa Ammende ●●●

Wunderschöner Jugendstilpalast mit ausgezeichnetem Restaurant; preiswertere Zimmer im Gartenhaus.

- Mere 7 | 80010 Pärnu
- Tel. 447 3888
- www.ammende.ee

Spa Tervis ●●
Das größte Kurhotel Estlands, nahe am Meer. Sachliches Interieur, Wellnessanwendungen zu sehr günstigen Preisen.
- Seedri 6 | 80010 Pärnu
- Tel. 445 0111
- www.spatervis.ee

Restaurants

Café Grand ●●
Im Restaurant des Hotels Victoria stärkte sich schon in den 1920er-Jahren die Hautevolée nach dem Schlammbad. Internationale Küche, Afternoon Tea.
- Kuninga 25
- Tel. 444 3412

Embecke ●●
Internationale und estnische Küche im Restaurant des Hotels Pärnu. Gute Weinauswahl.
- Rüütli 44
- Tel. 447 8911

Jahisadama Kõrts ●●
Fischgerichte, estnische und internationale Spezialitäten im Restaurant des Jachtclubs. Schöne Terrasse.
- Lootsi 6
- Tel. 447 1760

Nightlife

Romantic Bar
Die höchste Bar Pärnus befindet sich in der obersten Etage des achtstöckigen Tervise Paradiis Hotels.
- Side 14
- Ttgl. 12–24 Uhr

Konzerthaus
Kammer- und andere klassische Konzerte.
- Aida 4
- www.concert.ee

Strandleben in Pärnu

Nordestland

**Lahemaa-Nationalpark 12

80 km westlich von Tallinn erstreckt sich mit dem Lahemaa-Nationalpark das beliebteste Ziel für Tagesausflüge von der Hauptstadt aus. Dichte Nadelwälder und einsame Moore prägen seine Landschaft. Außer Reihern, Kranichen und Störchen sind hier viele Wasservogelarten heimisch; mit etwas Glück kann man auch Braunbären, Luchsen oder Elchen begegnen. Charakteristisch für Lahemaa sind die an der Küste verstreuten Findlinge; es gibt aber auch schöne Sandstrände, so etwa bei **Võsu.** Ursprüngliche Fischerdörfer wie **Altja** liegen ruhig am Meer. Die architektonische Hauptattraktion des Nationalparks sind die gut erhaltenen, deutschbaltischen Herrensitze › **S. 131**. Wer kein Auto dabei hat, kann geführte Tagestouren buchen (z. B. bei Orion Reisid, www.orionreisid.ee, oder bei EstAdventures, www.estadventures.ee).

Bei Altja im Lahemaa-Nationalpark stehen noch einige alte Fischerkaten

Bucht von *Käsmu

An einer malerischen Bucht liegt das Dorf **Käsmu** 10 mit alten Fischerkaten, Kapitänshäusern und einem Seemannsfriedhof. Einen Besuch lohnt hier vor allem das skurrile Meeresmuseum, das der Biologe Arne Vaik in seinem Wohnhaus eingerichtet hat (geöffnet »ganzjährig zu jeder Zeit«). In Käsmu beginnen mehrere Wanderwege in die Umgebung › **Special S. 35**, in der man überall auf riesige Findlinge stößt.

Erst-klassig

**Gutshof Palmse 11

Das Juwel unter den estnischen Herrenhäusern war von 1674 bis 1923 im Besitz der deutschbaltischen Familie von der Pahlen, die den Gutshof im 18. Jh. im Stil des Spätbarock umbauen ließ. Das Wohnhaus ist heute der Öffentlichkeit zugänglich; es wurde nach alten Plänen restauriert und mit zeitgenössischem Mobiliar ausgestattet. Der Große Saal dient als Konzertsaal. In der ehemaligen Schnapsbrennerei ist ein Hotel untergebracht › **unten.**

Der Park mit seinen seltenen, alten Bäumen wurde im 19. Jh. um einen See angelegt und lädt mit insgesamt 40 km Wanderwegen zu ausgiebigen Spaziergängen ein (Mitte Mai–Sept. tgl. 10–19, Okt.–April tgl. 10–18 Uhr, www-palmse.ee).

Info

Touristeninformation Lahemaa

- Palmse | 45435 Viitna | Lääne-Virumaa
- Tel. 329 5555
- www.keskkonnaamet.ee/?lang=lahe

Hotels

Parkhotel Palmse ●●

27 moderne Zimmer im barocken Herrenhaus. Gemütliches Kellerrestaurant.

- Lääne-Virumaa
- Tel. 322 3626
- www.palmse.ee

Merekalda ●

Nette Pension am Meer.

- Neeme tee 2 | Käsmu
- Tel. 323 8451
- www.merekalda.ee

Rakvere 12

An die einstige Bedeutung des 10 km landeinwärts gelegenen Städtchens (17 000 Einw.) erinnert die eindrucksvolle Ruine der **Ordensburg.** Sie wurde im 13. Jh. von den Dänen als kleines Kastell errichtet und nach mehrfachen Umbauten im 18. Jh. aufgegeben (Mai–Sept. tgl. 11–19 Uhr). In der zu Füßen der Burg liegenden Altstadt mit ihren hübschen Holzhäusern ist die **Dreifaltigkeitskirche** sehenswert; sie erhielt ihr heutiges Aussehen im 17. Jh. und besitzt den höchsten Turm (62 m) außerhalb von Tallinn (Juni–Aug. Mo–Fr 11–17, So 10.30 bis 12 Uhr). Das **Rakvere-Museum** im Gerichtsgebäude gibt einen Überblick über die Stadtgeschichte (Tallinna 3, Mo–Sa 11–19 Uhr).

Info

Touristeninformation Rakvere

- Laada 14 | 44310 Rakvere
- Tel. 324 2734
- rakvere@visitestonia.com

Hotels

Wesenbergh ●●

Hübsch renovierte Zimmer in Zentrumsnähe; etwas luxuriöser sind die 8 Zimmer in der Villa Wesenbergh von 1927.

- Tallinna 25 | 44311 Rakvere
- Tel. 322 3480
- www.wesenbergh.ee

SEITENBLICK

Estnische Herrensitze

Fernab der großen europäischen Höfe pflegte der deutschbaltische Adel über Jahrhunderte ein beschauliches Landherrenleben. Jeder Landsitz war ein kleines, autarkes Universum – mit Kapelle, Schulhaus, Wirtschaftsgebäuden und eigener Brennerei. Auf seinem Land war der Gutsherr König: Er sprach Recht und mehrte seinen Wohlstand durch die Arbeit der Pachtbauern. Die Entfernung zum europäischen Adel überbrückte mancher Gutsherr architektonisch: Viele Herrenhäuser erinnern an englische Landsitze und ihre Landschaftsparks; andere nehmen italienische Einflüsse auf.

Das wie Palmse im Lahemaa-Nationalpark gelegene Rokokoschlösschen **Sagadi** (18. Jh.) ist Schauplatz von Konzerten und Sitz des Estnischen Forstmuseums (Mai–Sept. tgl. 10–18 Uhr). Auch dort wurde in Nebengebäuden ein modernes Hotel mit Restaurant eingerichtet. Mit dem Gutshaus **Alatskivi** (19. Jh.) in Südestland (Järvamaa) näherten sich die Familien Stackelberg und Nolcken baulich dem schottischen Balmoral Castle an. Das in der Nähe gelegene **Albu** (17. Jh.) beherbergt heute eine Schule, kann aber während der Ferien besichtigt werden (Juni–Aug. 11–17 Uhr, Tel. 382 0501). **Sangaste** (19. Jh.) bei Otepää erinnert an Windsor Castle; einige Räume wurden der Öffentlichkeit zugänglich gemacht (tgl. 10–16 Uhr, www.sangasteloss.ee).

Katariina Kelder ●

Wohnliches Gästehaus mit Restaurant; am Wochenende Livemusik.

- Pikk 3 | 44307 Rakvere
- Tel. 322 3943
- www.katariina.ee

**Glintküste

Die vom Ölschieferabbau lebende Industriestadt **Kohtla-Järve** 13 (47 000 Einw.) besitzt wenig touristischen Reiz. Ihre Hauptattraktion ist das Bergwerksmuseum (Jaamja 1, Di–Sa 11–19, So, Mo 11–17 Uhr, www.kaevanduspark.ee). Doch ein kurzes Stück nördlich der Stadt beginnt die Glintküste, einer der dramatischsten Küstenabschnitte des Landes. Zum Teil erreichen die Klippen eine Höhe von über 50 m; über Felsabbrüche stürzen sich kleine Flüsse und Bächlein ins Meer. Besonders eindrucksvoll ist der 20 m hohe Wasserfall zwischen Ontika und Valaste. Im einstigen Kurort **Toila** gibt es am Fuß der Steilküste gute Bademöglichkeiten. Zum Strand führen Treppen.

Erst-! klassig

Erst-! klassig

Die unberührtesten Küstenabschnitte

- **Haffseite der Kurischen Nehrung.** Riesige Sanddünen, so weit das Auge reicht › S. 75.
- **Memeldelta, Litauen.** Viel Wasser, winzige Dörfer, in der Ferne das Meer › S. 76.
- **Kap Kolka, Lettland.** Am nördlichsten Punkt des Landes treffen zwei Meere aufeinander › S. 96.
- **Steilküste bei Jūrkalne in Lettlands Westen.** Entwurzelte Bäume schweben über sandigen Abbruchkanten.
- **Käsmu-Halbinsel im Lahemaa-Nationalpark.** Estlands größtes Findlingsfeld › S. 129.
- **Glintküste bei Kohtla-Järve.** Senkrecht abfallende Kalkwände, über die Wasserfälle rieseln › S. 132.
- **Nordküste von Saaremaa.** Einsamkeit, duftende Kiefern und Meeresrauschen › S. 125.

Hotels

Alex ●●

Nüchterne Ausstattung, zentrale Lage; Restaurant, Casino und Pool.

- Kalevi 3 | Kohtla-Järve
- Tel. 339 6230
- www.alex.ee

Toila Spa Hotel ●

In Strandnähe gelegenes, großes (280 Zimmer) und nüchternes Kurhotel; Schwimmbad, modernes Wellness-Center und Sauna. Gleich nebenan liegt ein Campingplatz, der ebenfalls zum Hotel gehört.

- Ranna 12 | 41702 Toila
- Tel. 334 2900
- www.toilaspa.ee

*Kloster Pühtitsa 14

Von Kohtla-Järve bietet sich ein Abstecher nach Pühtitsa an (35 km südöstlich bei Kuremäe), dem einzigen bewohnten orthodoxen Kloster Estlands. 150 Nonnen leben hier vom Gemüse- und Getreideanbau. Zu der 1891 gegründeten Anlage gehören sechs Kirchen, darunter die

Himmelfahrtskathedrale in Pühtitsa

Himmelfahrtskathedrale (1910) mit ihren leuchtend grünen Kuppeln. Hohe Feldsteinmauern umgeben einen idyllischen **Garten.**

Das Kloster, das dem Moskauer Patriarchat unterstellt ist, macht wenig Zugeständnisse an den Tourismus; man kann sich jedoch in Ruhe in der Anlage umsehen. Das kleine Gästehaus im Kloster ist auf die Bedürfnisse von Pilgern abgestellt (Tel. 339 2124).

Narva 15

In der Grenzstadt (74 000 Einw.) sind ca. 97 % der Einwohner Russen. Die Altstadt wurde im Zweiten Weltkrieg völlig zerstört, doch der Anblick zweier mächtiger, nur durch einen Fluss voneinander getrennten Festungsanlagen lohnt den Weg hierher. Die estnische ***Hermannsfestung** (Hermaani Linnus) wurde im 13. Jh. von den Dänen errichtet und später vom Deutschen Orden und den Schweden ausgebaut. Ein ausgeschilderter Rundgang führt durch mehrere Burgräume, in denen auch das Stadtmuseum seine Sammlung präsentiert (Mi–So 10 bis 18 Uhr). Vom »Langen Hermann« hat man einen schönen Blick auf die russische **Festung Iwangorod,** die Zar Iwan III. im 15. Jh. errichten ließ.

Narva-Jõesuu, einstmals ein attraktives Kurbad und heute von wirtschaftlicher Krise geplagt, liegt 14 km außerhalb des Stadtzentrums und besitzt einen prachtvollen, kilometerlangen Sandstrand und schönen Kiefernwald.

Info

Touristeninformation Narva

- Peetri 3 | 20308 Narva
- Tel. 359 9137
- http://tourism.narva.ee

› Karte
S. 120

Gipskopien antiker Skulpturen im Kunstmuseum der Tartuer Universität

Hotels

King ●●
Originelles Hotel in einem ehemaligen Lagerhaus aus dem 17. Jh.; behagliche Zimmer mit Holzfußböden. Restaurant mit internationaler Küche, im Winter speist man am Kamin.
- Lavretsovi 9 | 20307 Narva
- Tel. 357 2404
- www.hotelking.ee

Narva Jõesuu Spa ●●
Großes Spa-Hotel im traditionsreichen Badeort an der Mündung der Narva; 7 km langer Sandstrand. Funktionalistischer Bau aus den 1930er-Jahren, moderne Wellnesseinrichtungen.
- Aia 3 | 29002 Narva-Jõesuu
- Tel. 359 9529
- www.narvajoesuu.ee

Estlands Südosten

**Tartu 16

Als Sitz der ältesten estnischen Universität war Tartu (Dorpat; 100 000 Einw.), das sich zu beiden Seiten des Emajogi-Flusses ausbreitet, von jeher das geistige Zentrum des Landes. Auch für die Unabhängigkeitsbewegung spielte es eine wichtige Rolle: 1869 fand hier das erste estnische Sängerfest statt. Als Tartu im 19. Jh. durch einen Großbrand zerstört wurde, beschloss man, fortan ausschließlich in Stein zu bauen. So entstand das herrliche, klassizistische Ensemble der Altstadt. Im Gefolge der Studentenschaft hat sich in ihren Straßen eine reiche Kneipen- und Cafékultur entwickelt.

Altstadt

Tartus Herz schlägt am ***Rathausplatz** (Raekoja plats), den historische Bürgerhäuser in Pastelltönen begrenzen. Durch Bodenabsenkung ist das **Haus Nr. 18** so schief wie der Turm von Pisa. Es beherbergt eine Kunstgalerie, die vorwiegend Werke estnischer Maler zeigt (Mi–So 11–18 Uhr). Das **Rathaus** liegt auf der Westseite des Platzes. Es wurde 1789 errichtet und gilt als eines der schönsten klassizistischen Gebäude des Landes.

Über die Ülikooli tänav gelangt man von dort zum Hauptgebäude der **Universität,** einem klassizistischen Prachtbau mit Säulenvorhalle. Wenn gerade keine Vorlesung stattfindet, lohnt ein Blick in die stuckverzierte Aula. Im Südflügel des Baus ist das universitäre Kunstmuseum mit Gipskopien antiker Skulpturen untergebracht (Mo–Fr 11–17 Uhr, www.ut.ee/artmuseum).

Nördlich, an der Jaani tänav, liegt die gotische ***Johanniskirche** (Jaani Kirik), die als bedeutendste Backsteinkirche Estlands gilt. Hinsichtlich ihres künstlerischen Wertes einmalig sind die gotischen **Terrakottaplastiken, die Westportal, Turm und Pfeilerkapitelle schmücken. Die Basilika, die im Zweiten Weltkrieg ausbrannte, wurde 2005 nach langer Restaurierung eingeweiht (Juni–Aug. tgl. 10–19, sonst 10–18 Uhr, www.jaanikirik.ee).

Erst-! klassig

Domberg

Der Domberg (Toomemägi) ist heute eine hübsche Parkanlage mit verschlungenen Spazierwegen, die alte Bäume und Denkmäler prominenter Wissenschaftler zieren. Sie wurde um die Ruine der mittelalterlichen **Domkirche** (Toomkirik) angelegt. Den erhalten gebliebenen Chorraum baute man 1806 zur Bibliothek um; er beherbergt heute das Historische Museum der Universität (Mi–So 11–17 Uhr, www.ajaloomuuseum.ut.ee). Die Engelsbrücke (Inglisild) führt zur **Sternwarte,** die im 19. Jh. eines der besten Fernrohre Europas besaß (Besuch nur nach Anmeldung, Tel. 745 6789, www.ahhaa.ee).

Info

Touristeninformation Tartu

- Raekoja plats 14 | 50089 Tartu
- Tel. 744 2111
- www.visittartu.com

Aktivitäten

- Lohnend sind **Bootstouren** auf dem Fluss Emajõgi und zur Insel Piirissaare im Peipussee (Tartu Sadam, Tel. 734 00 66, www.tartusadam.ee).

Hotels

Draakon ●●●

Kleines, stilvolles Hotel am Rathausplatz; schönes Restaurant in barockem Saal; Bierkeller.

- Raekoja plats 2 | 51003 Tartu
- Tel. 744 2045
- www.draakon.ee

Dorpat ●●

Modernes Hotel am Fluss mit Restaurant und Wellness-Center.

- Soola 6][51013 Tartu
- Tel. 733 7180
- www.dorpat.ee

Pallas ●●

Komfortables Haus mit künstlerisch eingerichteten Zimmern und tollem Blick.

- Riia 4 | 51013 Tartu
- Tel. 730 1200
- www.pallas.ee

Restaurants

Barclay ●●●

Gediegenes Restaurant im gleichnamigen Hotel; moderne estnische Küche.

- Ülikooli 8
- Tel. 744 7105
- www.barclayhotell.com

Püssirohukelder ●●

Rustikales Restaurant im historischen Pulverkeller; Livemusik.

- Lossi 28
- Tel. 730 3555
- http://pyss.ee

Shopping

- **Kunsthandwerk** gibt es etwa bei Rae Käsitöö (Küüni 2) und bei Rüütli Käsitöö (Rüütli 18).

Nightlife

Vanemuine Theater

Die Ballett- und Opernaufführungen im ältesten Theater des Landes (1870) kann man auch ohne estnische Sprachkenntnisse genießen.

- Vanemuise 6
- Tel. 7 44 0100
- www.vanemuine.ee

Art & Jazz Club Illegaard

Mo Pianobar, Fr Livemusik. Dazwischen Jazz und Wechselausstellungen in der zugehörigen Galerie.

- Ülikooli 5
- Tel. 740 1714
- Mo–Fr 17–3, Sa, So 14–3 Uhr.
- www.illekas.ee

Eduard Vilde Lokaal

Im Obergeschoss Traditionskneipe mit irischem Bier und Live-Jazz; im Erdgeschoss Café und gut sortierter Buchladen.

- Vallikraavi 4
- Tel. 734 3400
- www.vilde.ee
- Tgl. 12–23, Sa, So 12–1 Uhr

*Peipus-See

Für Ausflügler, die Ruhe und Einsamkeit lieben, ist der Peipus-See (Peipsi järv) ein lohnendes Ziel. Sein Ufer säumen Fischerdörfer, Dünen und einsame Sandstrände. Touristische Einrichtungen gibt es kaum; das Angebot beschränkt sich auf Camping und Ferien auf dem Bauernhof.

Am Westufer des Sees siedelten sich im 19. Jh. russische Altgläubige an, die in ihrer Heimat verfolgt wurden. In **Kolkja** 17 (63 km von Tartu) steht ein Gotteshaus dieser Religionsgemeinschaft; ein kleines Museum dokumentiert ihr Schicksal (Mo–Fr 14–18 Uhr, sonst nach Anmeldung unter Tel. 772 6491). Einen der schönsten Herrensitze Estlands besitzt der vom Seeufer etwas abgelegene kleine Ort **Alatskivi** 18 (Mai–Sept. Mi–So 11–19 Uhr › S. 131. Der Fischerort **Kallaste** 19 liegt am einzigen Steilküstenabschnitt des Peipus-Sees, der auch »Roter Berg« genannt wird – rötliche Sandsteinfelsen fallen hier 6 m tief zum Wasser ab.

Erst-! klassig

Info

Touristeninformation Peipsiveere

- Liivi Muuseum
- Alatskivi | 60201 Tartumaa
- Tel. 745 3846
- http://muusa.ee

Suur Munamägi 20

18 km südlich von Võru (14 200 Einw.) liegt der Suur Munamägi, mit 318 m die höchste Erhebung Estlands und des gesamten Baltikums. Vom 29 m hohen Aussichtsturm auf dem Gipfel hat man bei klarem Wetter einen schönen Blick bis nach Russland (tgl. 10–20 Uhr). Am Parkplatz gibt es ein Café.

Erst-! klassig

Info

Touristeninformation Võru

- Jüri 12 | 65605 Võru
- Tel. 782 1881
- www.visitvoru.ee

Infos von A–Z

Ärztliche Versorgung

Die medizinische Versorgung durch Ärzte und Apotheken ist flächendeckend. Die Europäische Krankenversicherungskarte (EHIC) gilt in den baltischen Staaten. Die Behandlung muss man im Voraus bezahlen; die Krankenkasse erstattet die Kosten gegen Vorlage der Quittung. Eine private Auslandskrankenversicherung deckt Mehrkosten und ggf. einen Rücktransport ab.

Behinderte

Behindertengerecht ausgestattete Gebäude und Verkehrsmittel sind bisher die Ausnahme. Nähere Auskunft erteilt die **BAGCBF,** Langemarckweg 21, 51465 Bergisch Gladbach, Tel. 022 02/ 989 98 11, www.bagcbf.de.

Diplomatische Vertretungen

Estland:

- **Deutsche Botschaft,** Toomkuninga 11, 15048 Tallinn, Tel. 627 5300, Fax 627 5305, www.tallinn.diplo.de
- **Österreichische Botschaft,** Vambola 6, 10114 Tallinn, Tel. 627 8740, Fax 631 4365, www.bmeia.gv.at/botschaft/tallinn
- **Honorarkonsulat der Schweiz,** c/o Trüb Baltic AS, Laki 5, 10621 Tallinn, Tel. 658 1133, Fax 658 1139, tallinn@honrep.ch

Lettland:

- **Deutsche Botschaft,** Raina bulvaris 13, 1050 Rīga, Tel. 6708 5100, Fax 6708 5149, www.riga.diplo.de
- **Österreichische Botschaft,** Elizabetes 15, 1010 Rīga, Tel. 6721 6125, Fax 6721 6126, www.bmeia.gv.at/botschaft/riga
- **Botschaft der Schweiz,** Elizabetes 2, 1340 Rīga, Tel. 6733 8351, Fax 6733 8354, www.eda.admin.ch/riga (auch für Litauen zuständig).

Litauen:

- **Deutsche Botschaft,** Sierakausko 24-8, 03105 Vilnius. Tel. 5210 6400, Fax 5210 6446, www.wilna.diplo.de
- **Österreichische Botschaft,** Gaono 6, 01131 Vilnius, Tel. 5266 0580, Fax 5279 1363, www.bmeia.gv.at/botschaft/wilna

Einreise

Für Reisende aus EU-Ländern entfällt durch das Schengener Abkommen die Passkontrolle; dennoch ist ein gültiger Ausweis mitzuführen. Kinder benötigen seit 2012 ein eigenes Ausweisdokument; Einträge im Reisepass eines Elternteils sind nicht mehr gültig.

Elektrizität

Die Netzspannung beträgt 220 Volt, 50 Hz; Euro-Norm-Stecker passen meist. In ländlichen Gebieten kann ein Adapter für Osteuropa nützlich sein.

Feiertage

1. Januar Neujahrstag; 16. Febr. Unabhängigkeitstag (Litauen); 24. Febr. Unabhängigkeitstag (Estland); 11. März Tag der wiedererlangten Unabhängigkeit (Litauen); Karfreitag; Ostermontag (Estland und Lettland); 1. Mai (alle drei Länder); 23. Juni Tag des Sieges (Estland); 23. Juni Mittsommerfest (Lettland); 24. Juni Johannisfest (alle drei Länder); 6. Juli Krönung von Fürst Mindaugas (Litauen); 15. Aug. Maria Himmelfahrt (Litauen); 20. Aug. Tag der wiedererlangten Unabhängigkeit (Estland); 1. Nov. Allerheiligen (Litauen); 18. Nov. Unabhängigkeitstag (Lettland); 25./26. Dez. Weihnachten; 31. Dez. Silvester (Lettland).

Geld und Währung

In Estland hat 2011 der Euro die estnische Krone abgelöst. In Lettland ist der Lats gültiges Zahlungsmittel (1 LVL/Ls = 100 Santimi), in Litauen der Litas (1 LTL/Lt = 100 Centai). Beide Währungen sind an den Euro gekoppelt. Wechselkurs (Stand Juli 2013): 1 LVL = 1,42 € bzw. 1,77 CHF, 1 € = 0,70 LVL, 1 CHF = 0,56 LVL. 1 LTL = 0,28 € bzw. 0,36 CHF, 1 € = 3,44 LVL, 1 CHF = 2,77 LVL (aktuelle Tageskurse unter www.oanda.com, Link »Currency Converter«). Tauschen kann man in Banken und Hotels; Bares bekommt man zudem am Geldautomaten (Bank- und Kreditkarten). Kreditkarten finden in den Städten und in der Hotellerie weite Akzeptanz.

Haustiere

Bei der Mitnahme von Haustieren muss der EU-Heimtierpass mitgeführt werden, aus dem sich ein gültiger Tollwutschutz ergibt. Das Tier muss zudem mit einem Mikrochip gekennzeichnet sein (detaillierte Informationen unter www.auswaertiges-amt.de).

Information

- **Estnisches Fremdenverkehrsamt,** Lasnamäe 2, 1141 Tallinn, Tel. 627 9770, Fax 627 9701, www.visitestonia.com

Urlaubskasse	
Tasse Kaffee	1,50 €
Softdrink	0,80–1 €
Glas Bier	0,70 €
Imbiss (Sandwich)	2 €
Kugel Eis	0,70 €
Mietwagen/Tag	90 €
Fahrradmiete/Std.	2 €
Liege am Strand/Tag	3 €
1 l Superbenzin	1,30 €

- **Lettisches Fremdenverkehrsamt,** Brīvības bulvaris 55, 1519 Rīga, Tel. 6722 9945, Fax 6735 8128, www.latvia.travel/de
- **Litauisches Fremdenverkehrsamt,** c/o AVIAREPS Tourism GmbH, Josephspitalstr. 15, 80331 München, Tel. 089/552 53 38 10, www.lithuania.travel

Internet

Jede baltische Stadt besitzt Internet-Cafés, und fast jedes Hotel bietet seinen Gästen einen Computer mit Internetzugang an – oft sogar kostenlos. Vor allem in Estland trifft man im ganzen Land auf »WiFi«-Schilder – Hinweis auf drahtlosen Internetzugang.

Notruf

Estland:
- Feuerwehr und Ambulanz: 112
- Polizei: 110 (Festnetz und Mobil)

Lettland:
- Feuerwehr: 01
- Polizei: 02
- Ambulanz: 03 (Festnetz und Mobil)

Litauen:
- Feuerwehr: 01 (Festnetz), 112 (Mobil)
- Polizei: 02 (Festnetz), 112 (Mobil)
- Ambulanz: 03 (Festnetz), 112 (Mobil)

Öffnungszeiten

- In den Städten sind die **Geschäfte** meist von 10–21 Uhr geöffnet, am Wochenende bis 20 Uhr. Lebensmittelgeschäfte schließen oft erst spätabends (22 Uhr). Auf dem Land sind die Geschäftszeiten kürzer und Mittagspausen nicht ungewöhnlich.
- **Banken** öffnen werktags zwischen 9 und 10 Uhr und schließen zwischen 16 und 18 Uhr.
- **Wechselstuben** sind oft an sieben Tagen in der Woche von morgens bis spät abends geöffnet.

Post und Porto

Postkarten und Briefe schaffen es per Luftpost meist in drei bis fünf Tagen nach Deutschland. Das Porto ist in den letzten Jahren gestiegen: Standardbriefe und Postkarten nach Deutschland kosten in Estland per Luftpost jetzt 1 €, in Lettland und Litauen ca. 0,60 €.

Die Hauptpost in Tallinn (Narva mnt. 1) öffnet Mo–Fr 7.30–20, Sa 8–18 Uhr, die in Rīga (Stacijas laukums 1) während der Woche 8–20, Sa 8–18, So 8–16 Uhr, die in Vilnius (Gedimino 7) Mo–Fr 7–19, Sa 9–16 Uhr.

Sicherheit

Die Kriminalität ist nicht auffällig, aber Eigentumsdelikte (in den Städten Taschendiebstahl) kommen vor. Das Auto stellt man am besten nur auf bewachten Parkplätzen ab und lässt nichts Wertvolles darin liegen.

Souvenirs

Beliebte Mitbringsel sind Strickwaren, weiterhin Leinen und Spitze. In vielen Souvenirläden kann man qualitätvolle Keramik-, Glas-, Leder- und Korbwaren erstehen. Begehrt sind Schmuckstücke aus Bernstein, die man aber keinesfalls bei Straßenhändlern kaufen sollte. Als Souvenir eignen sich auch baltische Süßwaren und Kräuterliköre.

Telefon

Öffentliche Telefonzellen funktionieren mit Telefonkarten, die man in Tankstellen, größeren Geschäften und am Kiosk bekommt. Handybenutzer fahren am günstigsten mit wieder aufladbaren Prepaid-Karten, die für ca. 20 € in vielen Geschäften und an Kiosken erhältlich sind.

Bei Gesprächen innerhalb Estlands ist die Vorwahl in die Nummer integriert – es muss keine 0 vorangestellt werden. In Lettland ist das ganze Telefonsystem digitalisiert worden. D. h., dass man von einem Anschluss mit 8-stelliger (digitaler) Nummer jede andere 8-stellige einfach anwählt (keine Vorwahl). Erreicht man eine Nummer nicht, lässt man die 6 (Festnetz) oder 2 (Mobilnetz) am Anfang der Nummer weg; noch sind nicht alle Nummern umgestellt worden. In Litauen finden die Ortsvorwahlen nach wie vor Verwendung.

Landesvorwahlen: Litauen 00370, Lettland 00371, Estland 00372. Deutschland 0049, Österreich 0043, Schweiz 0041.

Englischsprachige Telefonauskunft: Estland 1182, Lettland und Litauen 118

Trinkgeld

Trinkgelder haben keine Tradition und stoßen in ländlichen Gegenden noch relativ häufig auf Unverständnis; in der Stadt werden sie inzwischen jedoch erwartet. Als Anerkennung für guten Service in Gastronomie und Hotellerie sind 5–10 % des Rechnungsbetrages angemessen.

Zeit

Im Baltikum ist man der Mitteleuropäischen Zeit (MEZ) um 1 Stunde voraus. Es wird wie in Deutschland auf Sommerzeit umgestellt.

Zollbestimmungen

Innerhalb der EU darf man grundsätzlich ein- und ausführen, was nachweislich für den eigenen Verbrauch bestimmt ist. Für Alkohol und Tabak gelten folgende Beschränkungen: 90 l Wein, 10 l Bier, 10 l Spirituosen, 800 Zigaretten, 400 Zigarillos, 200 Zigarren, 1 kg Tabak.

Schweizer können Geschenke im Wert von bis zu 300 CHF mitbringen; zusätzlich 1 l Spirituosen, 2 l Wein, 200 Zigaretten und 250 g Tabak.

Register

Bildnachweis

Coverfoto Schwarzhäupterhaus und St. Peterskirche in Riga, Lettland © LOOK-foto/Photononstop

Fotos Umschlagrückseite © Bildagentur Huber/R. Schmid (links); Fotolia/Svenja98 (Mitte), Bildagentur Huber/Mehlig (rechts)

4Corners Images/SIME/Giovanni Simeone: 46; Baltikum Tourismus Zentrale: 20; Bildagentur Huber/Stefano Cellai: 70; Bildagentur Huber/Massimo Ripani: U2-1; Bildagentur Huber/R. Schmid: U2-4, 6, 11, 106, 129; Bildagentur Huber/G. Simeone: 59; Fotolia/juulijs: 77; Fotolia/Valerijs Kostreckis: 90; Fotolia/Birgit Kutzera: U2-2; Fotolia/Alex Masner: 14; Fotolia/Aleksejs Polakov: 105; Fotolia/Manuela Schueler: 33; Fotolia/studali: U2-3; Fotolia/Svenja98: 43; Fotolia/Alexander Tolstykh: 102; Ralf Freyer: 9, 75, 112; Georg Ots Spa Hotel: 22; Eberhard Kahl: 13, 39, 53, 56, 83, 98, 116, 133; laif/Babovic: 34, 68, 86, 100, 105, 108, 125, 136; laif/Zenit/Boening: 48; laif/hemis.fr./Maurizio Borgese: 55; laif/Eisermann: 40, 130; laif/Galli: 19; laif/hemis: 97; laif/Peter Hirth: 15, 26, 134; laif/Kristensen: 95; LOOK-foto/age fotostock: 78, 85, 126; LOOK-foto/Franz Marc Frei: 8, 24; LOOK-foto/Thomas Stankiewicz: 118; shutterstock/vikau: 65; Thomas Stankiewicz: 36, 44, 66, 73, 88, 110.

Impressum

Herausgeber: TRAVEL HOUSE MEDIA GmbH, München
Verlagsleitung: Michaela Lienemann
Redaktionsleitung: Grit Müller
Autoren: Stefanie Bisping, Wolfgang Rössing
Redaktion: Anja Lehner, München
Bildredaktion: Ulrich Reißer
Visuelle Neukonzeption und Layout: Gramisci Editorialdesign, München,
und Ute Weber, Geretsried
Titeldesign-Konzept: Gramisci Editorialdesign, München, und Ute Weber, Geretsried
Karten und Pläne: Theiss Heidolph
Satz: Tim Schulz, Mainz
Druck: Stürtz Mediendienstleistungen, Würzburg

Dieses Buch wurde auf chlorfrei gebleichtem Papier gedruckt.
ISBN 978-3-86428-005-4

www.polyglott.de

Liebe Leserin, lieber Leser,

wir freuen uns, dass Sie sich für diesen Polyglott on tour entschieden haben. Unsere Autorinnen und Autoren sind für Sie unterwegs und recherchieren sehr gründlich, damit Sie mit aktuellen und zuverlässigen Informationen auf Reisen gehen können. Dennoch lassen sich Fehler nie ganz ausschließen. Wir bitten Sie um Verständnis, dass der Verlag dafür keine Haftung übernehmen kann.

Ihre Meinung ist uns sehr wichtig. Bitte schreiben Sie uns:
TRAVEL HOUSE MEDIA GmbH, Redaktion Polyglott, Grillparzerstraße 12, 81675 München,
redaktion@polyglott.de

Langenscheidt Mini-Dolmetscher Baltikum

Allgemein	Litauisch	Lettisch	Estnisch
Guten Morgen	Labas rytas [**la**bas **rih**tas]	Labrīt [lab**riht**]	Tere hommikust [**de**rre **ho**mmikußt]
Guten Tag	Laba diena [**la**ba **di**na]	Labdien [labdi**än**]	Tere [**de**rre]
Guten Abend	Labas vakaras [**la**bas va**ka**ras]	Labvakar [lab**wa**kar]	Tere õhtust [**de**rre yhtußt]
Ich heiße	Mano pavardė [**ma**no pa**var**däh]	Mans vārds ir [mans wahrds ir]	[**tä**nan **häß**ti] Minu nimi on [**mi**nu **ni**mi on]
Auf Wiedersehen	Iki pasimatymo [iki pasima**tih**mo]	Uz redzēšanos [us rädsäh**scha**noß]	Head aega [**he**·ad a·**e**ga]
Sprechen Sie Deutsch/ Englisch?	Ar Jus kalbate vokiškai / angliškai? [ar jus kal**ba**te wo**kisch**kai / ang**lisch**kai]	Vai Jūs runājiet vāciski/angliski? [wai juhß **ru**nahjät **wah**ziski/**an**glißki]	Kas Te räägite saksakeelt/ingliskeelt? [kaß te rähgite ßakßakehlt / inglißkehlt]
Ich verstehe nicht	Aš nesuprantu. [asch nesu**pran**tu]	Es Jūs nesapratu. [eß juhs näßa**pruo**tu] at**kah**rtojät]	Ma ei saa aru. [ma **e**·i sah **a**ru]
... bitte	Prašom ... [**pra**schom]	... lūdzu. [**luh**dsu]	Palun ... [**ba**lun]
Danke.	Ačiū [**a**tschiuh]	Paldies. [**pal**diäß]	Tänan. [**tä**nan
Wo ist ...?	Kur yra ...? [kur **ih**ra]	Kur ir ...? [kur ir]	Kus on ...? [kuß on]
ja / nein	taip [taip] / ne [nä]	jā [jah] / nē [näh]	jah [jach] / ei [ei]

Shopping	Litauisch	Lettisch	Estnisch
Wo gibt es ...?	Kur yra...? [kur **ih**ra]	Kur ir...? [kur ir]	Kus on...? [kuß on]
Wie viel kostet das?	Kiek tai kainuoja ? [ki**jek** tai kai**nuo**aja]	Cik tas maksā? [zik taß **mak**ßah]	Mis see maksab? [miß ßeh **mak**ßab]
Das gefällt mir (nicht).	Man tai (ne) patinka. [man tai (ne) pa**tin**ka]	Man tas (ne)patīk. [man tas (nä)**pa**tihk]	See mulle (ei) meeldib! [Seh **mul**le e·i **mehl**dib]

Essen/Trinken	Litauisch	Lettisch	Estnisch
Die Speisekarte, bitte.	Atsiprašau, galima meniu? [azi**pra**schau gal**i**ma **men**ju]	Lūdzu ēdienkarti. [**luh**dsu **äh**djänkarti]	Palun andke mulle menüü. [**ba**lun **ant**ke **mu**lle me**nüh**]
Brot	duona [du**oa**na]	maize [**mai**sä]	leiba [le·iba]
Kaffee	kava [**ka**wa]	kafija [**kaf**ija]	kohv [kochf]
Tee	arbata [ar**ba**ta]	teja [**tä**ja]	tee [teh]
Bier	alus [ahluß]	alus [**a**luß]	õlu [**y**lu]
Mineralwasser	mineralinis vanduo [mineraliniß **wan**duoa]	mineralūdens [mineral**u**dänß]	vesi gaasiga / mineraalvesi [**wes**si **gah**siga / mine**rahl**wessi]
Ich möchte bezahlen.	Prašom sąskaitą. [**pra**schom **ßahß**kaitah]	Lūdzu, rēķinu. [**luh**dsu rjäh**k**jinu]	Palun arvet. [**ba**lun **ar**wet]

Im Hotel	Litauisch	Lettisch	Estnisch
Ich habe ein Zimmer reserviert.	Aš užrezervavau viena kambarį. [asch uschreser**wa**wau **kam**barih]	Man te ir pasūtīta istaba. [man tä ir paßuh**ti**hta **iß**taba]	Minu nimele on tuba broneeritud. [**mi**nu **ni**mele on **tu**ba **bro**nehritut]
Ich suche ein Zimmer für zwei Personen.	Mes esame du asmenys, norime vieno kambario. [meß **e**samä du aß**mä**nihs **no**hrimäh **wih**noh]	Es meklēju istabu divām personām [äß mjäklähju **iß**tabu diwahm pärßonahm]	Üks tuba kahele, palun. [üks **tu**ba **ka**hele **ba**lun]
Wie viel kostet das Zimmer pro Tag?	Kokia kambario kaina? [**koh**kja kam**ba**rioh **kai**na]	Cik maksā šis numurs diennaktī? [zik **mak**ßah schiß **nu**murß diä**nak**tih]	Kui kallis see tuba on? [kui **kal**lis seh **tu**ba on]